10개의 공간을
따라 읽는
소설 토지

KB079681

이 저서는 2018년 대한민국 교육부와 한국연구재단의 지원을 받아 수행된 연구임 (NRF-2018S1A6A3A03043497)

10개의 공간을
따라 읽는

소설 토지

한 권으로 읽는 토지 문학기행

이승윤 지음

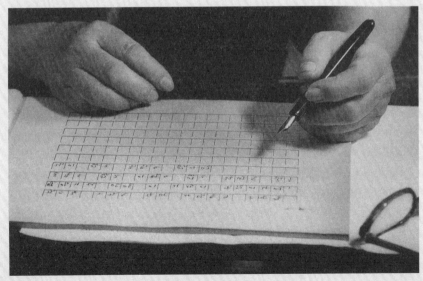

앨피

모빌리티인문학 Mobility Humanities

모빌리티인문학은 기차, 자동차, 비행기, 인터넷, 모바일 기기 등 모빌리티 테크놀로지의 발전에 따른 인간, 사물, 관계의 실재적·가상적 이동을 인간과 테크놀로지의 공-진화co-evolution라는 관점에서 사유하고, 모빌리티가 고도화됨에 따라 발생하는 현재와 미래의 문제들에 대한 해법을 인문학적 관점에서 제안함으로써 생명, 사유, 문화가 생동하는 인문-모빌리티 사회 형성에 기여하는 학문이다.

모빌리티는 기차, 자동차, 비행기, 인터넷, 모바일 기기 같은 모빌리티 테크놀로지에 기초한 사람, 사물, 정보의 이동과 이를 가능하게 하는 테크놀로지를 의미한다. 그리고 이에 수반하는 것으로서 공간(도시) 구성과 인구 배치의 변화, 노동과 자본의 변형, 권력 또는 통치성의 변용 등을 통칭하는 사회적 관계의 이동까지도 포함한다.

오늘날 모빌리티 테크놀로지는 인간, 사물, 관계의 이동에 시간적·공간적 제약을 거의 남겨두지 않을 정도로 발전해 왔다. 개별 국가와 지역을 연결하는 항공로와 무선통신망의 구축은 사람, 물류, 데이터의 무제약적 이동 가능성을 증명하는 물질적 지표들이다. 특히 전 세계에 무료 인터넷을 보급하겠다는 구글Google의 프로젝트 룬Project Loon이 현실화되고 우주 유영과 화성 식민지 건설이 본격화될 경우 모빌리티는 지구라는 행성의 경계까지도 초월하게 될 것이다. 이 점에서 오늘날은 모빌리티 테크놀로지가 인간의 삶을 위한 단순한 조건이나 수단이 아닌 인간의 또 다른 본성이 된 시대, 즉 고-모빌리티high-mobilities 시대라고 말할 수 있다. 말하자면, 인간과 테크놀로지의 상호보완적·상호구성적 공-진화가 고도화된 시대인 것이다.

고-모빌리티 시대를 사유하기 위해서는 우선 과거 '영토'와 '정주' 중심 사유의 극복이 필요하다. 지난 시기 글로컬화, 탈중심화, 혼종화, 탈영토화, 액체화에 대한 주장은 글로벌과 로컬, 중심과 주변, 동질성과 이질성, 질서와 혼돈 같은 이분법에 기초한 영토주의 또는 정주주의 패러다임을 극복하려는 중요한 시도였다. 하지만 그 역시 모빌리티 테크놀로지의 의의를 적극적으로 사유하지 못했다는 점에서, 그와 동시에 모빌리티 테크놀로지를 단순한 수단으로 간주했다는 점에서 고-모빌리티 시대를 사유하는 데 한계를 지니고 있었다. 말하자면, 글로컬화, 탈중심화, 혼종화, 탈영토화, 액체화를 추동하는 실재적·물질적 행위자agency로서의 모빌리티 테크놀로지를 인문학적 사유의 대상으로서 충분히 고려하지 못했던 것이다. 게다가 첨단 웨어러블 기기에 의한 인간의 능력 향상과 인간과 기계의 경계 소멸을 추구하는 포스트-휴먼 프로젝트, 또한 사물인터넷과 사이버 물리 시스템 같은 첨단 모빌리티 테크놀로지에 기초한 스마트시티 건설은 오늘날 모빌리티 테크놀로지를 인간과 사회, 심지어는 자연의 본질적 요소로 만들고 있다. 이를 사유하기 위해서는 인문학 패러다임의 근본적 전환이 필요하다.

이에 건국대학교 모빌리티인문학 연구원은 '모빌리티' 개념으로 '영토'와 '정주'를 대체하는 동시에, 인간과 모빌리티 테크놀로지의 공-진화라는 관점에서 미래 세계를 설계할 사유 패러다임을 정립하려고 한다.

박경리, 그리고《토지》와의 인연

《토지》의 마지막 문장을 읽은 것은 1994년 8월 30일이었다. "푸른 하늘에는 실구름이 흐르고 있었다."는 문장도 생생하다. 마침표 뒤에는 '(끝)'이라는 표시가 되어 있었다. 비로소 완독完讀에 성공한 것이다.《토지》백일장 심사 때마다 빠지지 않는 독자들의 감상평, "내가《토지》를 정복했다!"는 심정이 무엇인지 그때 알았다. 사실 나는《토지》를 완독할 생각도 없었고, 정복하고 싶은 마음도 없었다. 문학은 감상하는 것이지 정복하는 것이 아니다.

당시는 학위 논문을 준비 중이었다. 대상은 안수길의 장편소설《북간도》라는 작품이었다. 진도도 어느 정도 뺀 상태였다. 원래 역사소설에 관심이 있었고, 논문은 써야 하고, 분량으로 따지면《북간도》는《토지》의 10분의 1도 되지 않는다. 내 깜냥에 해볼 만한 승부라고 생각했다. 그러나 모든 계획은 지도교수님을 만난 후 물거품이 되었다. 모든 걸 엎고,《토지》로 주제를 바꾸라는 명이었다.《북간도》를 논문 주제로 삼은 것도 논의 끝에 결정된 것이었는데, 지도교수님의 생각이 바뀐 것이다. 그때가 1993년,《토지》가 완간되기 전이었다. 극렬히 저항했지만, 그때나 지금이나 지도교수의 생각을 지도 받는 학생이 바꿀 수 없다.

나름 타협안을 제시했다. 아직 작품이 연재 중이니 출판된 4부까지를 대상으로 삼겠노라 말씀 드렸다. 어차피 4부까지는 읽었으니까. 하지만 교수님은 단호했다. "완성된《토지》를 가지고 써야지. 자네 논문이 완성된《토지》를 대상으로 한 첫 번째 논문이 되는 거야." 아니, 그게 무슨 의미가 있지? 언제 완성될 줄 알고.

지도교수님은 명쾌했다. "졸업은 연기하면 되고, 내가 입수한 정보에 의하면 작품은 조만간 대단원의 막을 내릴 것이다. 딴생각 말고 다시 처음부터 꼼꼼히 읽고 연재되고 있는 5부나 부지런히 챙겨라." 졸업은 1년 연기되었고,《토지》 1부부터 다시 읽기 시작했다. 연재되던《문화일보》를 구독하여 연재란을 가위로 오려 스크랩해 가며 읽었다. 그렇게《토지》와 박경리 선생과의 인연이 시작되었다. 돌아보면 그 덕에 논문도 쓰고, 책도 내고, 방송에도 출연하고,

지금 이 글을 쓰고 있다.

　그때의 선택이 다행스럽고 감사한 이유는, 무엇보다 그 덕에 연구자로서 평생을 함께할 학문적 동지들을 만난 것이다. 그들과 오랜 시간 함께 정본 작업을 진행했고, 같이 책도 냈다. 평사리에서 용정, 일본, 하얼빈, 러시아까지 곡절 많은 답사를 다니고, '토지학회'를 만들었다. 여기까지 올 수 있었던 것은 치열하게 논쟁하고 응원하며 곁을 지켜 준 동지들이 있었기에 가능했다. 진심으로 감사한다.

이 책의 활용법

《토지》는 200자 원고지 4만여 장, 20권 분량이다. 경상남도 하동 평사리에서 출발한 이야기는 진주, 통영, 부산, 마산, 서울, 일본, 용정, 연해주까지 그 범위를 확장해 나간다. 이 책은《토지》를 10개의 공간으로 나누어 읽는다. '한 권으로 읽는《토지》'의 공간 버전인 셈이다.

　《토지》에는 역사책에 굵은 활자로 매겨진 역사적 사건이나 인물들이 작품의 전면에 등장하지 않지만, 그 이면의 대다수 일반 민중들의 삶이 담겨 있다. 당대의 객관적인 현실과 어려운 삶의 조건들

속에서 저항하고 타협하고 방관하는, 혹은 적응하고 좌절하기도 하는 개인과 집단들의 모습이 생생하게 새겨져 있다. 그 개인과 집단은 '흐름'의 공간 속에 놓여 있다. '흐름'의 공간이란, 하나의 공간이 고정되거나 정태적인 모습으로 멈추어 있지 않다는 의미다. 하나의 공간은 다른 공간과 관계를 맺고 서로 영향을 주고받는다. 이동하는 사람들과 그들을 따라 이동하는 소문과 사실들이 공간을 채운다. 역병疫病과 사물도 사람들을 따라 이동하며, 모빌리티 수단이 발전할수록 이동은 가속화된다.

《토지》를 다 읽은 독자들에게 이 책은 희미해진 내용을 환기해 주는 역할을 할 것이다. 《토지》를 읽다 말았거나, 드라마로만 대강 아는 독자들에게는 구체성을 부여해 주고 전체적인 얼개를 그릴 수 있도록 도와줄 것이다. 아직 《토지》를 만나지 못한 독자들에게는 작품을 읽지 않고도 읽은 척할 수 있는 가성비 높은 독서가 될 것이다.

모든 책의 저자는 독자들이 자신의 책을 꼼꼼히, 저자의 마음을 찬찬히 헤아려 가며 읽어 주기를 바란다. 필자의 마음도 그러하지만, 이 책의 독자는 꼭 그래야 한다는 부담은 버려도 좋다. 이 책은

10개의 장으로 나눠 있으니 처음부터 순서대로 읽지 않아도 된다. 작품 자체가 낯선 독자는 뒤의 '읽기 자료'부터 읽고 본문으로 들어오기를 권한다. 텍스트보다 이미지에 끌리는 독자들은 본문을 읽기 전에 각 장의 사진과 해설부터 읽어도 좋다. 그러다 보면 본문으로 미끄러지게 된다.

본문 속 예문들만 따라 읽어도 좋다. 인용문들은 《토지》 외에도 박경리의 다른 소설과 에세이, 인터뷰 등에서 가려 뽑은 것들이다. 가타부타 게으른 독자는 뒤의 QR코드를 찍어 동영상을 보면 된다. 모빌리티인문학연구원에서 촬영한 '《토지》 문학기행 원주, 하동, 통영편'을 감상할 수 있다. '토지학회'에서 제작한 동영상은 2020년 하동군의 지원을 받아 하동 평사리를 중심으로 13개의 공간을 나누어 해설한 것이다. 위에서 말한 나의 학문적 동지들이 모두 출연한다. 보고 나면 연구자는 역시 연구를 해야 한다는 생각이 든다. 내용은 유익하다.

전국의 도서관과 연구소 혹은 지자체에서 '《토지》 함께 읽기' 프로그램을 운영하고 있다. 그들은 나의 또 다른 동지들이다. 재독再讀, 삼독三讀을 하는 분들도 있다. 그들을 만나면 내가 대접한 것도 아니면서 맛있는 음식을 좋은 사람들과 함께 나눠 먹은 것처럼 행복하다. 그들은 성별과 연령대, 지역과 직업 등 구성도 다양하다. 좋은 일이다. 《토지》의 인물들이 그렇다. 세상은 그렇게 만들어진다. 무엇보다 그들은 《토지》라는 대하大河를 건너기 위해 한배를 탄 동료들이다. 전국의 《토지》 덕후들에게 악수를 대신하여 이 책을 건넨다. 코로나 상황이 종료되면 이 책이 '《토지》 문학기행 가이드북'으로 활용될 수 있을 것이다. 부디 그런 날이 어서 와서 동행할 수 있기를 바란다.

얼마 전 건국대 모빌리티 인문학연구원 선생님들과 하동과 통영에 다녀왔다. 처음의 계획은 학생들, 시민들과 함께 답사를 가는 것이었지만, 2020년의 상황은 그럴 수 없었다. 할 수 없는 것이 분명해졌으니, 할 수 있는 것을 찾아서 하면 된다. 지금의 상황이야말로 연구와 콘텐츠의 측면에서 모빌리티인문학연구원의 역할이 더 강조되는 시점이다.

신인섭 모빌리티 인문학연구원 원장님과 인문교육센터 김주영 원장님, 처음부터 책의 기획과 진행을 도와준 이진형 교수님, 동행해 준 김태희·우연희 교수님, '압박' 역할을 맡아 준 연구원 가족들에게 고마움을 전한다. 까탈스런 필자의 늦은 원고를 멋진 책으로 꾸며 준 앨피출판사의 편집부 선생님들께도 고맙고 미안한 마음이다. 귀한 사진을 쓸 수 있도록 허락해 준 김세희 토지문화관 이사장께도 감사의 인사를 전한다.

2020년 12월

이승윤

차례

소설의 시작과 끝

지도 한 장 들고 한 번 찾아와 본 적이 없는 악양면 평사리,
이곳에《토지》의 기둥을 세운 것은 무슨 까닭인가?
악양평야는 사방이 산으로 둘러싸여 외부에서는 넘볼 수 없는
호수의 수면같이 아름답고 광활하며 비옥한 땅이다.
지리산이 한恨과 눈물과 핏빛 수난의 역사의 현장이라면
악양은 풍요를 약속한 이상향理想鄕이다.

_《토지》 서문(2001) 중

《토지》는
왜 평사리에서 출발하는가?

《토지》는 1969년부터 1994년까지 만 25년간 집필되었다. 200자 원고지 4만여 장, 작품이 연재된 잡지와 신문 그리고 출판사를 달리하여 간행된 단행본만도 수십 종에 달한다. 거기에 서희와 길상 등 주요 인물과, 비록 이름을 얻진 못했지만 서사에 참여하는 허구적인 인물들, 담론 속에 등장하는 영웅과 정치인, 예술가 등 역사상 실존 인물들을 모두 합하면 소설에 등장하는 인물만 약 700여 명에 이른다. 이처럼 수치화할 수 있는 외적 규모만으로도 《토지》는 압도적이다.

대하소설Roman fleuve은 많은 등장인물, 이야기의 배경을 이루는 광범위한 장소, 개인과 집단의 변화를 보여 주는 역사적 시간을 그 특징으로 한다. 홍명희의 《임꺽정》을 필두로, 황석영의 《장길산》, 김주영의 《객주》, 조정래의 《태백산맥》 등이 모두 대하소설의 규모를 지니고 있다. 하지만 장구한 시간에 걸쳐 소설적 배경을 변화시

하동 평사리와 지리산을 중심으로 작품의 주요 배경을 그려 넣은 것이다. 하동 군은 경상남도의 가장 서쪽에 있는 군郡이다. 동쪽으로 진주시와 사천시, 북쪽 으로 산청군·함양군과 전라북도 남원시와 접하고 있다. 서쪽으로는 섬진강을 경계로 전라남도 구례군·광양시와 각각 접한다. 그림에서도 확인할 수 있는 것처럼 하동군은 동서의 너비가 좁고 남북으로 길게 펼쳐진 지형을 이루고 있 다. 평사리의 배후가 되는 지리산과 그곳의 쌍계사, 연곡사, 천은사 등의 사찰 은 사건이 발생하고 갈등이 생산되는 곳이기도 하고, 생명과 화해의 공간이기 도 하다. (출처: 마로니에북스)

키면서 다양한 등장인물을 그려 내는《토지》야말로 대하소설의 특징을 가장 잘 드러낸다고 할 수 있다.

《토지》는 시간적으로는 구한말에서 해방까지를 배경으로 한다. 경남 하동 악양면 평사리에서 출발한 이야기는 통영, 진주, 부산, 마산, 경성을 거쳐 간도와 장춘, 하얼빈 등 만주와 연해주, 일본 등으로 공간적 배경을 확장해 나간다.

'소설로 쓴 한국 근대사'로 평가 받는 방대한 이야기가 한반도 서부 경남의 작은 농촌 마을로부터 시작된다는 것은 아이러니하다. 평사리는 우리 근대사에서 주목할 만한 역사적 장소도 아니다. 평사리는《토지》의 이야기를 담기에는 너무 작아 보인다.

다음은《토지》의 첫 장면이다.

1897년의 한가위.

까치들이 울타리 안 감나무에 와서 아침 인사를 하기도 전에, 무색 옷에 댕기꼬리를 늘인 아이들은 송편을 입에 물고 마을길을 쏘다니며 기뻐서 날뛴다. 어른들은 해가 중천에서 좀 기울어질 무렵이래야, 차례를 치러야 했고 성묘를 해야 했고 이웃끼리 음식을 나누다 보면 한나절은 넘는다. 이때부터 타작마당에 사람들이 모이기 시작하고 들뜨기 시작하고 남정네 노인들보다 아낙들의 채비는 아무래도 더디어지는데 그럴 수밖에 없는 것이 식구들 시중에 음식 간수를 끝내어도 제 자신의 치장이 남아 있었으니까. 이 바람에 고개가 무거운 벼이삭이 황금빛 물결을 이루는 들판에서는, 마음놓은 새떼들이 모여들어 풍성한 향연을 벌인다.

"후우이이―요놈의 새떼들아!"

극성스럽게 새를 쫓던 할망구는 와삭와삭 풀발이 선 출입옷으로 갈아입고 타작마당에서 굿을 보고 있을 것이다. 추석은 마을의 남녀 노유, 사람들에게 뿐만 아니라 강아지나 돼지나 소나 말이나 새들에게, 시궁창을 드나드는 쥐새끼까지 포식의 날인가 보다.

_《토지》 1부 1편, 서序

소설의 출발을 알리는 반쪽도 되지 않는 짧은 대목이다. 어디에서나 볼 수 있는 농촌 풍경이 묘사된다. 소설의 제목도 '토지'가 아닌가? 때는 한가위, 장소는 타작마당. 굳이 평사리가 아니어도 상관없는 장면이다. 우선 여기에 등장하는 인물 수부터 세어 보자. 댕기꼬리를 늘인 아이들, 차례를 지내는 어른들, 타작마당의 남정네들, 식구들의 시중을 드는 아낙들, 새를 쫓는 할망구 ……. 그뿐인가? 감나무의 까치, 황금빛 들판의 "마음놓은 새떼들", 포식을 예감한 "강아지나 돼지나 소나 말이나 시궁창을 드나드는 쥐새끼"까지 작가의 시선은 근경에서 원경으로, 인간에서 자연, 주변의 생명을 가진 모든 것에 머문다. 아직은 익명인 저 아이들과 평사리 사람들은 이제 《토지》의 주요 등장인물로 독자와 만나게 된다. 눈깔을 반짝거리며 시궁창을 드나들던 쥐새끼까지 포획한 작가의 시선은 《토지》를 관통하는 '생명사상'으로 이어진다.

특별할 것 없는 우리의 농촌 풍경. 그러나 따뜻하고 섬세한 작

지리산과 섬진강이 위치한 평사리 악양 들판의 모습.

가의 터치는 '평사리'를 대하역사소설 《토지》의 '옴파로스$_{ὀμφαλός}$ ·Omphalos'로 만든다. 그렇다면 작가 박경리가 "한 번 찾아와 본 적이 없는 악양면 평사리"가 운명처럼 소설 《토지》의 배경이 된 까닭은 무엇일까?

　"몇 개의 지도를 사서 한반도 전체를 꼼꼼히 살폈어요. 《토지》는 만석꾼의 대지주가 필요했고, 한恨과 저항을 품어 안을 거대한 산이 있어야 했어요. 경상도에는 대대로 만석꾼 지주가 드물어요. 기껏

해야 천석꾼 정도뿐이지요. 그런데 나는 전라도 풍물에는 자신이 없거든요. 화개에 친척이 살아요. 한번은 그곳에 들렀다가 눈앞에 펼쳐지는 악양들과 섬진강을 발견했지요. 지리산이 나의 뒷모습을 받쳐 주고 있었어요. 여기다. 무릎을 쳤어요."

_ 〈삶에의 연민, 한恨의 미학〉, 《작가세계》, 1994 가을.

박경리는 1966년에 수필집 《Q씨에게》를 발표한다. 여기에 실린 〈창작의 주변〉이란 글에서 "이제부터 나는 써야 할 작품이 있다. 그것을 위해 지금까지의 것을 모두 습작이라 한다. 그것을 쓰기 위해 아마도 나는 이삼 년을 더 기다려야 할까 보다."라고 말한다. 사실 이 글은 5~6년 전에 써 놓은 글을 수필집으로 묶은 것이었다. 그러고 보면 60년대 초 장편소설을 왕성하게 시작할 즈음부터 《토지》에 대한 구상은 시작된 셈이다.

1969년 8월, 《토지》가 발표된다. 만석꾼 지주의 이야기, 가문의 비극과 호열자虎列刺(콜레라) 모티브는 어릴 적 먼 친척뻘한테 들은 이야기로부터 출발한 것이다.

"어느 시골에 말을 타고 돌아다녀야 할 정도로 광대한 토지가 있어 곡식이 무르익었는데도 호열자가 나돌아 그것을 베어 먹을 사람이 없었다는 거예요. 이 '베어 먹을 사람이 없었다'는 말이 나에게 강렬한 인상을 남겼어요. 벼가 누렇게 익었는데 마을은 텅 빈 그런 풍경이 눈에 잡힐 듯 떠오른다 할까……. 그 뒤 문단에 나와 작품을

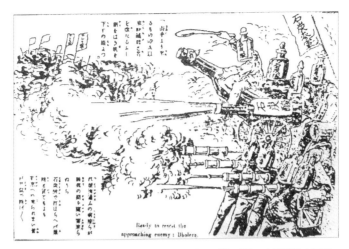

바다에서 쳐들어오는 콜레라균을 향해 일제히 공격을 퍼부으며 박멸을 시도하는 장면. 《토지》가 시작되는 1879년은 평사리뿐 아니라 일본에도 콜레라가 크게 유행하였다. 《마루마루진문(団団珍聞)》, 1879(明治12)년 7월 12일자.

쓰다가 문득 그 기억이 되살아났어요. 그때부터 그것으로 뭔가 작품을 만들어야 하겠다는 생각이 들었어요.”

_김치수, 〈박경리와의 대화─소유의 관계로 본 한恨의 원류〉, 《박경리와 이청준》, 민음사, 1982.

먼 친척이 들려준 이야기 중 기억 속의 ‘어느 시골’은 《토지》의 평사리로 구체화된다. 소설 속에서 평사리는 과거의 전통과 관습이 통용되는 공간이면서, 일제강점기의 조선 침탈을 압축적으로 보여 주는 공간이기도 하다. 작가가 평사리를 소설 배경으로 삼은 이유는 세 가지다.

첫째, 지리산과 섬진강. 평사리는 단지 서부 경남의 오지에 가까운 시골 마을이 아니다. 지리산을 배경으로 앞으로는 섬진강이 흐른다. 지리산은 영호남 3도에 걸쳐 있는 남쪽 내륙에서 가장 큰 산이다. 산의 높이와 계곡의 깊이만큼이나 무수한 이야기를 품고 있다. 작가 박경리는 지리산을 "한恨과 눈물과 핏빛 수난의 역사의 현장"이라고 말한다. 섬진강은 당시로서는 외지와 평사리 마을을 연결하는 주요한 통로가 된다. 섬진강의 나룻배는 사람과 인근 마을의 소식뿐 아니라 서울의 정세와 시국담까지 부지런히 실어 나른다.

둘째, 풍물과 언어. 작가의 고향은 경남 충무다. 현재의 행정구역으로는 통영이다. 나고 자란 산세와 기후와 풍물은 이야기를 풀어놓는 밑그림이 된다. 《토지》를 읽는 재미 중 인물들 간의 감칠맛 나는, 때론 거칠고 때론 살가운 살아 있는 대화를 엿듣는 재미를 빼놓을 수 없다. 강청댁의 패악과 임이네의 탐욕도 그들의 입을 통해 구구절절 풀어놓는 목소리를 듣노라면 연민이 느껴지기까지 한다. 영남의 방언과 자유자재로 구사하는 우리의 입말은 《토지》를 '언어로 쌓은 금자탑'으로 만든다.

셋째, 악양 들판. 평사리가 《토지》의 배경으로 선택된 이유는, 만석꾼 지주의 이야기를 풀어놓을 만한 평야지대가 필요했기 때문이다. 풍물과 언어가 익숙한, 그러면서도 지주의 이야기를 풀어놓을 만한 장소로 평사리 악양 들판은 영화의 세트장처럼 모든 것이 갖추

평사리 최참판댁, 2000년대 초 3천 평 대지에 14동의 한옥으로 조성되어 2004년 SBS 드라마 《토지》의 세트장으로 활용되었다. 최참판댁을 중심으로 평사리 주민들이 사는 '토지마을'이 형성되어 있다. 마을 안에는 박경리 토지문학비, 박경리 문학관, 박경리 동상이 있다. 전국적으로 영화나 드라마 세트장을 보존하여 성공적으로 운영하고 있는 드문 사례로 꼽힌다. 매년 10월 이곳에서 '토지문학제'가 열린다. (출처: 하동군 홈페이지)

어진 공간이었다. 작가가 평사리를 배경으로 《토지》를 쓴 것이 아니라, 《토지》를 위해 만들어 놓은 공간이 평사리인 양 착각이 들 정도이다. 실제로 하동 평사리 인근을 답사해 보면 왜 이곳이 《토지》의 배경이 되었는지 알 수 있다. 박경리에게 악양 들판의 인상은 "풍요를 약속한 이상향"이었다. 그러나 작가는 《토지》 1부에서 '이상향 평사리'를 최참판 가문의 비극과 극적으로 대비시킨다.

《토지》의 1부는 이처럼 하동 평사리를 중심으로 1897년부터 1908년까지 10여 년 동안 급변하는 조선 농촌 사회의 모습을 펼쳐 보인다. 큰 이야기 흐름은 구한말 5대째 대지주로 군림하던 최참판가의 몰락 과정과 일제에 의한 민초들의 고난 및 저항이다. 특히 19세기 후반 외세에 의한 개항, 1894년의 동학농민혁명과 갑오개혁, 의병항쟁 등은 《토지》 서사에 근간이 되는 주요 역사적 사건들이다.

어릴 적 먼 친척에게 들은 이야기가 몇 십 년 동안 숙성되고, 작가의 고백처럼 치열하고 오랜 습작을 거쳐 《토지》는 이렇게 하동 평사리에서 출발한다.

소설의 '끝',
끝나지 않은 이야기

한 소설의 끝dénouement에서, 소설가는 흔히 독자인 우리에게 자기가 구축한 세계의 열쇠를 건네 주거나 아니면 돌연한 급선회를 하여 열쇠를 은폐하거나 혹은 플롯을 한 걸음 진전시키면서 자신은 슬며시 물러나 버리는 쪽을 택한다. 그러나 천우신조의 개입, 돌발적 사건의 도입, 혹은 착한 사람을 구하고 못된 자를 꼼짝 못 하게 하는 돌발사의 사용 따위가 항상 예술적인 효과를 거두지는 못한다. 소설가는 독자를 놀라게 하고, 나아가서는 독자의 기대에 어긋나는 결말을 짓고자 한다. 그러고는 무엇보다도 도덕률을 충족시키고자 좋은 끝을 맺어야 한다고 여긴다. 이런 종류의 결말은 통속적인 대중을 상대로 하는 연재소설류에서 관습화된 법칙이라고 할 수 있다.

《토지》는 이러한 관습화된 법칙으로부터 떨어져 있다. 다음은

1897년부터 48년간 달려온 《토지》의 마지막 장면이다.

　　강 건너 산으로 시선을 보낸다. 산은 청청하고 싱그러웠다. 어디
서 무슨 일이 일어나고 있는지 강물은 아랑곳없이 흐르고 있었다.
멈추지 않고 흐르고 있었다. 얼마나 시간이 지나갔을까. 둑길에서
사람들의 떠드는 소리가 들려왔다. 돌아보니 중 한 사람이 앞서가며
　　"일본이 항복했소!"
　　하고 외쳤다. 뒤쫓아가는 사람들이
　　"정말이오!"
　　"어디서 들었소!"
　　"이자 우리는 독립하는 거요!"
　　각기 소리를 질러댔다. 양현은 모래를 차고 일어섰다. 그리고 달
렸다. 숨차게 달렸다.
　　"스님 그게 정말입니까!"
　　먹물장삼의 너풀거리는 소매를 거머잡으며 양현은 꿈길같이 물
었다.
　　"라지오에서 천황이 방송을 했소이다."
　　양현은 발길을 돌렸다. 집을 향해 달린다. 참, 참으로 긴 시간이었
으며 길은 멀고도 멀었다.
　　"어머니! 어머니! 어디 계세요!"
　　빨래를 하고 있던 건이네가 놀라며 일어섰다.
　　"어머니! 어디 계세요!"

"저기, 벼, 별당에 계시는데."

양현은 별당으로 뛰어들었다. 서희는 투명하고 하얀 모시 치마저고리를 입고 푸른 해당화 옆에 서서 하늘을 올려다보고 있었다.

"어머니!"

양현은 입술을 떨었다. 몸도 떨었다. 말이 쉬이 나오지 않는 것이다.

"어머니! 이, 이 일본이 항복을 했다 합니다!"

"뭐라 했느냐?"

"일본이, 일본이 말예요, 항복을, 천황이 방송을 했다 합니다."

서희가 해당화 가지를 휘어잡았다. 그리고 땅바닥에 주저앉았다.

"정말이냐……."

속삭이듯 물었다. 그 순간 서희는 자신을 휘감은 쇠사슬이 요란한 소리를 내며 땅에 떨어지는 것을 느낀다. 다음 순간 모녀는 부둥켜안았다. 이때 나루터에서는 읍내 갔다가 나룻배에서 내린 장연학이 뚝길에서 만세를 부르고 춤을 추며 걷고 있었다. 모자와 두루마기는 어디다 벗어 던졌는지 동저고리 바람으로

"만세! 우리 나라 만세! 아아 독립 만세! 사람들아! 만세다!"

외치고 외치며, 춤을 추고, 두 팔을 번쩍번쩍 쳐들며, 눈물을 흘리다가는 소리 내어 웃고, 푸른 하늘에는 실구름이 흐르고 있었다.

_《토지》 5부 5편 7장, 빛 속으로

간도로 쫓기듯 이주했던 서희는 귀국하여 진주에 자리를 잡는다. 1부 마지막에 서희 일행이 용정으로 이주한 후 송관수와 봉순이, 정

최참판댁 앞 벤치에 앉아 책을 읽고 있는 최참판 동상.

《토지》에서 최참판은 등장하지 않는다. 최치수는 참판 벼슬을 한 적이
없고, 그의 부친이자 윤씨 부인의 남편인 최모某 역시 하인인 쇠돌이
권한 노루고기를 먹고 21세에 요절하였다. 결국 최치수의 할아버지가
참판을 지낸 것인데, 그는 소설 속 등장인물이 아니다. 작품 속 '최참판
댁'이라는 상징성이 최참판 동상을 세운 것이다. 관람객들과 독자들도
최참판의 존재를 자연스럽게 받아들이고 기념사진을 찍는다. 실제로
최참판댁 사랑채로 들어가면 하동군에서 선발한 '명예 최참판'이 2교대
로 근무하며 관람객을 맞는다.

한조, 김이평 등 남은 평사리 사람들이 조준구를 피해 자리를 잡은 곳이 진주이다. 진주는 평사리와 달리 교통과 교육, 자본의 유통이 활발히 이루어지던 공간이다. 서희는 5부에 이르러서야 평사리로 귀환한다. 이처럼 평사리는 전체 서사의 시작과 끝을 담당하고 있는 공간이다. 최참판가로부터 조준구를 위시한 친일 세력으로, 다시 최참판가로 평사리 공간의 헤게모니는 이동해 간다.

1897년 음력 8월 15일에 출발한《토지》의 이야기는 정확히 1945년 8월 15일 해방을 맞이한 그날 대단원의 막을 내린다. 양현은 소련군 참전 소식을 듣고 식욕을 잃은 서희를 위해 '은어라도 좀 살 수 있을까' 해서 섬진강가로 나선다. 거기서 양현은 일본의 항복을 알리는 마을 사람들의 외침을 듣고 서희에게 알려 준다. 줄곧 그러했던 것처럼 '섬진강'은 해방의 소식을 실어 나른다.

채 두 쪽도 되지 않는 소박하기까지 한 해방에 대한 묘사이다. 그러나《토지》가 처음부터 해방의 모습을 보여 주기 위한 이야기가 아니었음을 상기할 때 이러한 마무리는 당연한 귀결인지도 모른다. 《토지》가 1부부터 완결에 이르기까지 줄곧 해방을 향해 달려왔다면 이야기가 달라지겠지만, 아니다. 시종《토지》를 관통하고 있는 것은 민초들의 삶의 방식, 그들에 대한 작가의 애정, 생명에 대한 이해이지, 특정 이념이나 계획된 어떤 사건으로의 진행이 아니었다.

그렇게도 고대했던 해방의 모습이지만, 해방은 줄곧 독립운동에 관여했던 송장환이나 김강쇠, 유인실, 김길상 등이 아닌 양현에 의해 제시된다. 양현은 작품 속에서 길상의 아들 윤국이나 관수의 아들 영광과 함께 4세대 인물에 속하는 인물이다. 작가는 해방의 소식을 새로운 세대의 목소리로 독자에게 전한다.

해방이 목적지가 아니었다면《토지》의 완결이 갖는 의미는 무엇일까? 통상 소설의 끝, 결말이란 소설이 그 토대로 삼고 있는 대립과 갈등 등을 마침내 '결말짓는' 것을 말한다. 표면상《토지》는 일제의 패망과 조선의 독립으로 모든 갈등이 해소된 것처럼 보인다. 그러나《토지》는 조선의 독립을, 일제의 패망을 그 토대로 삼지 않는다. 더구나 일제의 패망과 해방을 모든 갈등의 해소로 규정짓는 것은《토지》를 한낱 통속소설로 빠뜨릴 위험을 안고 있다.

기실《토지》는 아무런 대립이나 갈등의 해소를 제시하지 않는다. 오히려 앞으로 전개될 여러 갈등 양상들을 펼쳐 놓은 채 소설은 마무리된다.《토지》의 1부에서 제기되었던 동학과 유교 이데올로기 혹은 전통적 가치관의 대립은 5부 마지막에 이르러서도 순종·토종으로서의 동학 대 사회주의 이데올로기와의 대립으로 간판만을 바꾼 채 첨예하게 대립한다. 오가다와 유인실, 양현과 영광의 비극적인 사랑의 갈등도 그대로 상존해 있다. 드러나게 또는 드러나지 않게 조선의 독립을 염원하며 일하던 그 많은 인물들이 해방을 맞이하는 모습 또한 어떤 식으로도 제시되지 않는다. 일제 치하에서 열렬한 친일 행적을 벌였던 김두수와 김두만은 또 어떤 표정을 지을 것인가.

《토지》가 열린 구조라는 진술은 등장인물의 영속성永續性으로 뒷받침된다. '인물의 영속성'은 일차적으로 작가의 유기적인 세계관에

하동 '박경리 문학관'에는 통영이나 원주에는 없는 아트 콘텐츠들이 전시되어 있다. 위 그림은 소설 속의 주요 인물 21명을 선발하여 가족사진 콘셉트로 재현한 것이다. 19세기 말에서 20세기 초 한국인의 모습을 빅데이터로 활용하고, 작품 속 작가의 인물 묘사를 참조하여 그렸다. 그림 옆에는 각 인물을 확인할 수 있도록 이름을 밝혀 주었다. 관람객들은 자신이 상상한 소설 속 인물의 이미지와 형상도의 인물을 비교해 보는 것도 재미있는 경험이 될 것이다.

기초한 생명과 삶에 대한 끊임없는 관심과 애정의 산물이라 할 수 있다. 《토지》에는 수많은 인물이 등장하고 퇴장한다. 그러나 한 인물의 죽음이 곧 작품에서의 퇴장을 의미하지는 않는다. 또한, 영웅담이나 전기傳記처럼 어느 주요 인물의 일대기를 그리지 않기 때문에 죽음이 완결의 의미로 통하지 않는다. 죽은 인물은 남아 있는 사람들의 대화와 회고 등을 통해 다시 살아나 규범이 되기도 하고 원죄의 업으로 멍에를 씌우기도 하며 계속 영향을 미친다.

다음은 조준구의 아들 병수와 그의 제자이자 김강쇠의 아들인 휘의 대화 장면이다.

"휘야."

"예 선생님."

"나는 집을 짓고 싶었네라. 몸이 이렇지 않았다면 집을 짓고 싶었다."

"저하고 함께 집을 지어보시지요."

휘는 미소하며 말했고 병수도 싱긋이 웃었다.

"내 소원이 무엇인지, 모르지?"

"……"

"옛날에 내가 살았든 동네에 목수 한 사람이 있었다. 못생긴 곰보였지. 처자도 없는 혈혈단신, 몇 번밖에 본 일은 없었지만 얘기는 많이 들었어. 나는 그 사람이 부러웠다. 연장망태 짊어지고 발 닿는 대로 떠나니는 그의 팔자가 부러웠네. 자유인이지. 다시 태어난다면 나는 그런 사람이 되고 싶어이." _《토지》 5부 1편 4장, 몽치의 꿈

하동 박경리 문학관에 전시된 '《토지》 인물관계도'. 대부분의 '인물관계도'와 달리 독특한 구조이다. 대부분의 인물관계도는 나무가 위에서 아래로 가지를 뻗듯 상하 위계를 분명히 하고 또 가문과 집안별로 구성되나, 이 인물관계도는 원형 형태로 구조화함으로써 상하 위계로 인물을 나누지 않고 다른 집안과 지역 사람들까지 하나의 원 안에 포섭하였다. 《토지》에는 역사상의 실존 인물과 허구적 인물을 포함하여 약 700여 명의 인물이 등장한다. 그중 작가가 창조한 인물들을 중심으로 관계를 구조화한 것이다. 저마다의 존재 값을 지닌 모든 생명이 그러하듯, 각자의 자리에서 별처럼 빛나는 작품 속 인물들을 천체도天體圖에 비유하여 형상화한 것이다.

이러한 소설 구조상의 특징과 함께 작가 특유의 유기적인 세계관, 생명의 근원적인 모습에 대한 탐구, 삶의 본질에 대한 끊임없는 질문은 열린 구조로서의 《토지》를 가능하게 하는 힘으로 작용한다. 다음은 작가가 《토지》 4부 집필 중 작품 완결에 관한 기자의 질문에 답한 내용의 일절이다.

　　"《토지》는 다른 작품이 가지는 것처럼 '완성'이나 '끝'이란 것이 있을 수 없어요. 아마 미래의 희망을 던지는 선에서 끝날 것 같습니다.

해도사를 중심으로 한 산에 들어간 세력, 윤국이 또래의 동경 유학생을 중심한 한 부류, 또 한복이 아들을 중심한 농촌 사람들, 만주·연해주 지역의 정호 그룹 등 이런 몇 가지 장치들이 먼 미래의 하나의 빛으로서 긍정적인 모습을 보여 주는 선에서 끝날 거예요. 그럴 수밖에 없는 것이 이 작품은 개인의 이야기로 끝나는 것이 아니라 큰 역사의 줄기를 타고 흘러가기 때문입니다. 그것을 내가 칼로 도막을 낼 수는 없지요. …… 우리의 목숨이 이어지는 한 이야기는 계속 열려 있는 셈이지요." _《토지》는 끝이 없는 이야기》, 《월간경향》, 1987, 8.

《토지》가 놓인 다음 자리에 《나비야 청산靑山 가자》가 놓인다. 작가 스스로 《토지》의 후속작이라고 밝힌 《나비야 청산 가자》는 소설 《토지》를 탈고한 지 9년 만인 2003년 4월 월간 《현대문학》에 연재를 시작한 소설이다. 《토지》가 격동의 근현대사를 배경으로 여러 계층의 인간을 등장시켰다면, 《나비야 청산 가자》는 지식인을 중심으로 해방 후 50년의 한국 현대사를 그릴 예정이었다. 작가는 "마지막 작품이 될 것 같다"고 밝히면서 집필에 들어갔지만, 결국 건강이 허락하지 않아 연재 3회 만에 중단하고 말았다.

《나비야 청산 가자》에서 '나비'는 지식인을, '청산靑山'은 지식인의 이상향을 가리킨다. 소설은 가상의 마을과 소도시를 무대로 한쪽 다리가 불편한 여인 해연을 통해 전달되는 혼란스러운 가족사 이야기로부터 출발한다. 우리는 아마도 역사의 중심에 선 지식인 그룹의 적극적이고 긍정적인 역할과 다른 한편 그들의 비열함과 나약함,

허위의식 등을《나비야 청산 가자》를 통해 볼 수 있었을지도 모른다. 거기에서 또 다른 이상현, 서의돈, 선우일, 임영빈, 조찬하, 오가다 지로를 만나고,《토지》와는 또 다른 서사를 통해 우리 현대사의 진면목을 볼 수 있었을 것이다. 하지만 이제 그러한 바람은 영원히 불가능한 일이 되어 버렸다.

결국《토지》가 완결되었다는 의미는 '작가가 쓰기를 멈추었다'는 사실로 귀결된다. 이야기는 계속되고, 갈등 또한 계속 존재하며, 작품에 등장하는 수많은 인물은 여전히 살아 있고 또 살아갈 것이다. 《토지》는 '열린' 상태로, 더 이상 작가가 손대지 않겠다는 그 순간 완결되었다.

2

반역과 생명의 공간

낡은 것들 속에 새로움이 한결 선명한

관음탱화가 한눈에 들어왔다.

오른손에 버들가지를 들고 왼손에는 보병寶甁을 든

수월관음水月觀音, 또는 양류관음楊柳觀音이라고도 하는데

아름다웠다.

눈이 부시게 아름다웠다.

청초한 선線에 현란한 색채,

가슴까지 늘어진 영락瓔珞이며 화만華鬘은 찬란하고

투명한 베일 속의 청정한 육신이 숨 쉬고 있는 것만 같다.

어찌 현란한 색채가 이다지도 청초하며

어찌 풍만한 육신이 이다지도 투명한가.

_《토지》5부 1편 5장, 관음탱화

지리산으로 가는
사람들

'굳이'《토지》의 배경이 하동 평사리였던 이유는 지리산 때문이다. 작가 박경리에게 지리산은 심정적으로 '한恨과 저항'의 공간이다. 역사적으로 볼 때도 지리산은 핍박 받는 민중들의 도피처이자 은신처였으며, 외세의 침략이 끊이지 않을 때 최후의 저항을 펼쳤던 곳이다. 그것이 가능했던 이유는 지리산이 생존과 투쟁의 기본 조건을 마련해 줄 수 있었기 때문이다. 그렇게 지리산은 민중의 이상향을 실천할 수 있는 낙원이자, 의지할 수 있는 마지막 희망의 공간이기도 했다.

행정구역상 지리산은 3도 5개 군 15개 면에 걸쳐 있으며, 그 넓이만도 484제곱킬로미터(1억 3천만 평)에 이른다. 그 넓은 산의 계곡과 골짜기, 거기에 자리 잡은 마을과 마을들 …… 거기서 무슨 일이 벌어져도 하나도 이상할 것이 없다. 남한 내륙의 최고봉인 천왕봉에 오르면 남원, 진주, 곡성, 하동, 구례, 함양이 한눈에 들어온다. 주능

선을 중심으로 낙동강의 지류인 남강 상류와 섬진강이 흐른다.

《토지》에서 지리산은 동학운동과 독립운동의 근거지면서, 민중들이 억압을 피해 숨어드는 장소이다. 2002년판 《토지》 서문을 보면 박경리가 하동에서 열린 〈토지문학제〉에 참석했다가 목이 메어 말을 잇지 못한 일화가 나온다. "오랜 옛적부터 지리산은 사람들의 한과 슬픔을 함께해 왔으며, 핍박 받고 가난하고 쫓기는 사람, 각기 사연을 안고 숨어드는 생명들을 산은 넓은 품으로 싸안았고 동족상쟁으로 피 흐르던 곳"이라는 말을 하면서 순간 눈시울이 뜨거워졌던 것이다. 지리산이 "한과 눈물과 핏빛 수난의 역사적 현장"이라면, 악양은 "풍요를 약속한 이상향理想鄕"이다. 이 두 곳이 맞물려 있는 평사리가 《토지》 이야기가 탄생하는 시발점이다.

박경리는 이곳을 선택한 것이 자신의 의도였다기보다 "누군가의 도구"로 자신이 그렇게 한 것이라는 생각이 들 정도로 전율이 느껴진다고 밝혔다. 박경리 자신이 이야기를 억지로 꾸민 것이 아니라, 지리산과 악양 들판과 섬진강이 품고 있던 이야기가 박경리의 펜을 통해 세상에 나온 것이다. 단지 개연성이라고 말하기는 너무도 절절한 민족 서사시가 그렇게 탄생한다.

평사리 최참판댁에서 시작되는 《토지》 서사에서, 지리산은 초반부 사건 발생에서부터 중요한 역할을 한다. 1865년에 청상과부가 된 윤씨 부인은 병약한 아들 최치수의 수명장수 불공을 드리기 위해 지리산 천은사에 다녔다. 천은사 우관선사의 아우인 김개주는 백일기도를 올리기 위해 천은사에 머물던 부인을 범하게 된다. 윤씨 부인이 청상과부가 된 지 10여 년이 지났을 때이다. 목숨을 끊으려던 윤씨 부인은 하인들의 적극적인 대처와 문의원의 도움으로 천은사에서 아들을 낳고 평사리로 내려오는데 그때 낳은 아들이 구천이, 곧 김환이다.

이때부터 윤씨 부인은 아들 최치수를 외면한다. 산에 아들을 버리고 온 어머니가 곁에 있는 아들을 차마 살갑게 대하지 못했을 것이다. 문제는 버리고 온 아들이 장성하여 최참판가로 찾아와 하인 구천이로 살아가면서 시작된다. 어머니 윤씨 부인은 뒤늦게 재회한 아들을 위해 고방庫房 문을 열어 야반도주할 수 있도록 돕는다.

아버지가 다른 형제 치수의 존재를 명확하게 알고 있는 김환은 형의 아내인 별당아씨를 사모하여 밤마다 잠을 이루지 못하고 당산 숲속을 헤매며 "고소성을 거쳐 신성봉을 넘나들며" 슬픔과 한을 담아 포효하는데, 마침내 별당아씨와 야반도주를 하여 지리산으로 숨어들게 된다. 최치수는 신식 총까지 마련하고 지리산의 강포수를 불러서 함께 그들을 쫓는다.

"구천아!"

수동이 외쳤다. 외침에 이어 총성이 산을 흔들었다. 몸뚱어리가 솟구치더니, 몇 번인가 굴렀다. 구르는 몸이 그 구르는 상태의 계속처럼 바위를 넘어 달아난다.

"저놈 잡아라!"

치수가 고함쳤다. 강포수가 뛴다. 수동이도 함께 뛰면서 강포수

1976년, 지리산 천은사 입구에 선 박경리. 차림으로 보아 늦가을이나 겨울쯤으로 보인다. 당시는 《토지》 2부의 연재를 마무리하고 3부 연재를 앞둔 시점이었다. 천은사는 구례에서 노고단이 있는 성삼재 고갯길 입구 계곡에 자리한 사찰로 화엄사, 쌍계사와 함께 '지리산 3대 사찰'로 불린다. 2018년 방영된 〈미스터 션샤인〉의 촬영지로 많은 사람들에게 알려졌다. 방영 당시 일제강점기라는 시대 배경, 혼자 남은 반가班家 여성이 은밀하게 독립운동을 지원한다는 설정, 끝까지 곁을 지키는 충복 등 여러 대목이 《토지》와 유사하여 화제가 되기도 했다. 물론 직접 총을 쏘는 스나이퍼 김태리와 친일과 반일의 경계에서 줄타기를 하는 최서희의 대응 방식은 분명 다르다.

'천은사'는 통일신라 때 처음 창건되었다. 숙종 때 중건하면서 '감로사甘露寺'였던 사찰 이름을 지금의 '천은사泉隱寺'로 바꾸었다. 절 이름이 바뀐 데에는 다음과 같은 전설이 전한다. 절을 중수할 무렵(1679) 절의 샘가에 큰 구렁이가 자주 나타나 사람들을 무서움에 떨게 하였다. 한 스님이 용기를 내어 잡아 죽였으나 그 이후로 샘에서 물이 솟지 않았다. 그래서 '샘이 숨었다'는 뜻으로 천은사라는 이름을 붙였다는 것이다. 그런데 절 이름을 바꾸고 절에는 여러 차례 화재가 발생하는 등 불상사가 끊이지 않았다. 마을 사람들은 입을 모아 절의 수기水氣를 지켜 주던 이무기가 죽은 탓이라 하였다. 얼마 뒤 조선의 4대 명필가로 꼽히는 원교 이광사李匡師(1705~1777)가 절에 들렀다가 이 사연을 듣고 마치 물이 흘러 떨어질 듯 한 필체[水體]로 '지리산 천은사'라는 글씨를 써 주었다. 이 글씨를 현판으로 만들어 일주문에 걸어 둔 이후로 신기하게도 화재가 일지 않았다는 것이다.

전설에서는 샘[泉]이 마르고 숨어[隱] 천은사라 이름 붙여졌지만, 지금은 산속에 큰 샘이 숨어 있다는 의미로도 읽을 수 있을 것이다. 절에 진입하기 위해선 계곡을 건너야 하는데, 계곡 위로 다리를 놓고 그 위에 정자를 놓았다. 계곡에 물안개가 필 때면 독특한 분위기를 자아낸다. 그래서였을까? 《토지》에서는 윤씨 부인이 백일기도를 왔다가 김개주와 불행한 인연을 맺은 공간이기도 하다. (출처: 천은사 홈페이지)

의 허리춤을 잡는다.

"강포수, 강포수, 강, 강포수."

허덕이며 뇐다.

"살리줍시다. 살리."

강포수의 걸음이 한결 느리어진다.

"뭣들 하느냐!"

훨씬 뒤떨어져서 뛰어오던 치수가 다시 고함쳤다.

"구신 곡하겠십니더. 금시 어디 갔일꼬요?"

바위를 넘어서서 엉거주춤하며 강포수가 말했다. 구천이 어느 방향으로 달아났는가 알고 있는 강포수는 풀숲을 헤치며 우회한다. 귀신같이 산을 타는 구천이를 잡으려면 강포수가 서둘지 않으면 안 된다. 설령 치수나 수동이 난다 하더라도 결코 그네들은 산사람이 아닌 것이다.

한동안을 헤매다가 일행은 언덕 밑에 나직이 엎드린 초막 하나를 발견했다. 방금 사람이 머물렀던 흔적은 보였으나 이미 초막은 텅비어 있었으며 여자의 미투리 한 짝이 엎어진 채 땅바닥에 떨어져 있었다. 구천이 별당아씨를 업고 달아났음이 분명하다. 치수는 텅빈 초막을 향해 총질을 했다.

"초록은 동색이군."

얼굴이 풀빛으로 변해서 후둘후둘 떨고 있는 수동이를 노려보며 최치수는 씹어뱉었다. _《토지》 1부 2편 18장, 초록은 동색

《토지》 초반에 등장하는 이 장면은 제각기 다른 사연을 가지고 지리산으로 숨어드는 사람들에 대한 애틋한 동정을 불러일으킨다. 하인 수동은 구천이를 소리쳐 부르며 도망가게 하고 강포수는 일부러 우회하여 구천이와 별당아씨가 도망갈 시간을 벌어 준다. 사실, "초록은 동색이군."이라면서 노려보는 최치수 역시 그들을 반드시 잡고야 말겠다는 의지가 있었던 것은 아니다. 꼭 잡으려 했다면 그들이 도망간 것이 밝혀진 그날부터 쫓았어야 했지만 그러지 않았다. 치수가 구천이를 추적하는 것은 엄격한 유교적 윤리에 따른 당위이며, 자신의 자존을 침해한 것에 대한 응징의 퍼포먼스다. 최치수는 금슬이 좋았던 요절한 첫 번째 아내와는 다르게 별당아씨에게 냉담했다. 그런 며느리를 위하여 청상과부로 살아온 윤씨 부인은 몰래 고방문을 열어 또 다른 아들인 구천과 함께 도망갈 수 있도록 한 것이다.

박경리는 한 인터뷰에서 지리산을 배경으로 삼은 이유를, "지리산에는 양반가의 여자와 천주교인, 동학쟁이도 들어갔죠."라고 답한다. 계층과 지위 고하를 막론하고 사연 많은 사람들이 지리산으로 들어갔던 것이다. 그중에는 별당아씨와 같은 사연을 가진 사람도 있지 않았을까?

소설 속 별당아씨는 김환의 회상과 문답 속에만 존재하는 실루엣 같은 존재이다. 적극적으로 서사에 개입하여 말을 섞는 법도 없다. 하지만 그는 무엇보다 주도적으로 낭만적인 사랑을 선택한 근대적 여성이다. 이부異父 시동생과 사랑에 빠지고 그 사랑을 선택하여 모든 기득권을 버린 여성이다. 별당아씨는 늘 김환의 손에 끌려, 혹은 그의 등에 업혀 산을 헤매는 연약하고 수동적인 여성처럼 보인다. 하지만 평사리에 주소지를 둔 여성 중에서 가장 적극적이고 주체적으로 자신의 사랑을 선택한 여성이다. 별당아씨의 짧은 사랑은 피어 보지도 못한 채 막을 내렸지만, 지리산은 슬픔과 한恨을 삼키고 새로운 삶을 희망할 수 있도록 위로와 안식을 주는 산이다.

"강쇠야, 저 사람들 누고?"

"길을 잘못 든 사람들이라요."

"하모, 잘했다. 잘 데리고 왔다. 산중에서 길 잃으믄 큰일 나제. 아아들까지 데불고."

산중에는 해가 빨리 지고 어둠도 빨리 온다. 봄이라지만 산속의 밤은 냉한하다. 보리쌀을 넣은 콩죽으로 저녁을 치른 뒤 아낙과 아이들은 강쇠네가 있는 큰방으로 몰아넣고 강쇠는 남정네하고 작은 방에서 마주 앉았다.

"형씨도 참 짓궂소. 아까는 참말로 산도둑인가 생각했구마요."

하며 사내는 비시시 웃었다.

"날이 밝아봐야 알제요."

강쇠도 싱긋이 웃는다. 마음 놓고 서로의 관상을 보니 박복하게는 생겼어도 나쁜 놈으론 보이지 않았던 것이다.

"설마 처자식 거나리고 사냥하러 온 것도 아닐 기고, 약초 캐러 온 것도 아닐 기고, 뭣하러 왔소?"

"오고자 해서 온 기이 앙이고 어마도지해서 오고 보이,"

"와요? 샐인이라도 했소?'

"샐인이사 했이까마는, 빚지고 도망온 기라요."

_《토지》 3부 4편 14장, 쫓기는 사람들

《토지》에서 지리산은 1부에서부터 5부에 이르기까지 이런저런 사연을 가진 사람들이 모여드는 장소이다. 때로는 무작정, 때로는 계획 하에 뚜렷한 목적을 가지고 산에 오른다. 누군가에겐 도피처이고, 누군가에겐 삶의 터전이며, 또 누군가에겐 새로운 일을 도모할 베이스캠프가 되기도 한다. 인용문을 보면 "왜놈들에게 땅을 빼앗기고" 소작농으로 살다가, "마름 놈 농간"으로 빚을 지게 되어 더이상 살 길이 막막해지자 지리산으로 도망쳐 온 가족의 모습이 그려져 있다. 아들, 딸 두 자녀를 둔 이 안또병 가족은 강쇠의 도움을 받아 지리산에 정착하여 화전민으로 살아간다.

박경리는 《토지》 이전에도 자신이 창조한 여러 인물들을 지리산으로 보냈다. 그 첫 작품이 1964년 발표한 전작장편소설全作長篇小說 《시장과 전장》(1964)이다. 이 작품은 《김약국의 딸들》(1962)에 이은 두 번째 전작장편이다. 주인공 지영의 남편 기석은 일본 유학생 출신이다. 귀국 후 지영과 결혼하여 그녀를 대학에 보내 주고, 지영은 황해도 연안에서 교사 생활을 한다. 그러다 6 · 25전쟁이 터지고 남편은 부역자로 몰려 죽음을 맞는다. 이러한 남편의 이력과 지영의 모습은 작가 박경리의 삶과 그대로 겹친다.

46   10개의 공간을 따라 읽는 토지

1950년대에 박경리가 주로 개인적인 체험을 소재로 한 단편소설을 창작하였다면, 1958년 첫 장편소설인 《애가》를 발표한 이후에는 대부분 장편 연재소설을 창작하였다. 1970년대에는 장편소설을 두 개의 일간지에 동시에 연재하는 살인적인 일정을 소화하기도 했다. '어떻게 그렇게 할 수 있었는가'라는 우문愚問에 대한 답은 '먹고 살기 위해서'였다. 《표류도》(1959), 《내 마음은 호수》(1960), 《성녀와 마녀》(1960), 《노을진 들녘》(1961), 《가을에 온 여인》(1962), 《밥새족》(1967), 《죄인들의 숙제》(1969) 등이 이 시기에 발표된 작품들이다. 이 중 예외적으로 《김약국의 딸들》(1962)과 《시장과 전장》(1964)은 전작장편全作長篇으로 발표되었다. '전작장편'이란 연재 과정을 거치지 않고 작가가 바로 단행본으로 발표한 경우를 말한다. 연재소설처럼 마감 시간을 지켜야 하는 책임감과 순발력보다 숙고와 퇴고가 충분히 이루어진 버전인 셈이다. 실제로 이 두 작품이 문단과 학계에서 가장 많이 언급된다.

"20년 전 《김 약국의 딸들》을 썼을 때나 《시장과 전장》을 썼을 때 나는 기대 이상의 호평을 받았다. 그때 내가 행한 것은 문에 빗장을 지르는 일이었다. 어려운 결단이었지만 인기라는 물결을 타면 나는 쉬이 썩을 것이란 생각을 했던 것이다." (출처: 《원주통신》, 1985)

6·25전쟁을 시대적 배경으로 하는 이 소설에서 코뮤니스트 하기훈은 기석의 형이다. 그는 지리산을 선택한다. 강원도로 빠져 북상할 기회가 있었음에도 지리산으로 모이고 있는 인민군에 합류하기로 결심한 것이다. 이른바 '지리산 빨치산'이 된 것인데, 한국 현대사에서 '빨치산'이란 일반적으로 지리산을 중심으로 무장투쟁을 전개한 좌익 집단을 가리킨다. 1950년대에 이들을 '공비'라고 부르며 대대적인 토벌작전을 벌인다. 지리산에서 벌어진 동족상잔의 최대 비극이다.

"나는 처음 동무를 만났을 때 이 산에서, 이가화라는 여자의 이야기는 하지 않으려 했소."

나뭇잎 사이에 부서진 듯 흩어진 하늘을 보고 있던 기훈이 얼굴을 휙 돌린다.

"알기는 아는구먼요, 그 여자가 지금 어디 있다고 생각하시오?"

기훈은,

"알 필요를 느끼지 않소."

하고 대꾸한다.

"그렇게 나올 줄 알았시다. 그래서 이 얘기하지 않으려 했던 거요. 그리고 마음속으로 그 여자가 하 동무를 만나지 않게 될 것을 바라고 있었소. 지금쯤은 죽었는지도 모르죠. 개돼지같이 말입니다. 아니 살았는지도, 개돼지같이 이 산 구석을 엉금엉금 기어 다닐지도 모르죠. 어째서 그 여자도 이 지리산 구석까지 왔는지 그거 생각 못

하동군 화개면 〈지리산 역사관〉 입구에 세워 놓은 '지리산 공비 토벌 루트 안내도'.

역사관 안에는 예전 지리산 화전민의 생활상을 엿볼 수 있는 농기구를 비롯한 여러 자료와 '빨치산'의 역사와 토벌 과정이 전시물과 함께 설명되어 있다. 한쪽에는 소련제 장총, 따발총, 미제 카빈총 등의 총기류들이 전시되어 있다.

'공비共匪'라는 용어는 원래 중국 국민정부 시대에 '공산당 게릴라'를 '비적匪賊'이라 욕하며 부르던 데서 유래한 것이다. 안내판에 적혀 있는 '공비'의 영어 표기는 'Red Gueufillas'이다. 'Gueufillas'는 'Guerrillas'의 오기로 보인다. 게릴라 앞에 굳이 'Red'를 붙여 놓은 것이 눈에 띈다. '빨간 게릴라'가 된 것이다. '게릴라'는 주로 적의 배후에서 활동하는 비정규군 유격대를 가리키는 용어이다. 거기에 굳이 'Red'를 표나게 붙인 것이다. '빨치산'이란 용어는 원래 노동자나 농민들로 조직된 비정규군을 일컫는 러시아어 '파르티잔partizan'에서 왔다. '파르티잔'을 우리 식으로 발음하여 '빨치산'으로 부르던 것이 '빨간 게릴라'가 된 것이다. 이것이 이념 분쟁을 거치면서 좌익을 통틀어 비하하고 적대감을 조성하는 용어로 사용한 '빨갱이'의 유통과정이다. '지리산 역사관'은 '붉은 악마'가 전국을 '빨간' 물결로 뒤덮었던 2002년 한일 월드컵이 있던 해, 폐교된 초등학교를 리모델링하여 꾸민 것이다. 매년 5천 명 정도의 관람객이 찾고 있다. (출처: 하동문화원)

하시겠소?" _ 《시장과 전장》 2부 15장, 이가화

박경리는《시장과 전장》에서 가장 애정이 가고 잘 형상화하고 싶었던 인물이 '가화'라고 했다. 이념이고 사상이고 간에 오로지 기훈을 만나기 위해 지리산으로 들어가 몇 년 동안이나 빨치산 부대와 함께 이 산 저 산으로 옮겨 다니며 생존하는 가화의 모습은 안타깝다. 결국 빨치산이 산에서 모두 죽음을 맞게 될 것임을 안 기훈이 가화를 살리기 위해 토벌대장이 된 장덕삼을 몰래 찾아가 그녀를 살려달라고 부탁한다. 그리고 돌아와 마지막 사랑을 나누는 장면은《토지》에서 김환과 별당아씨가 지리산에서 그려 내는 사랑 이야기만큼이나 애틋하고 아름답다. 하지만 가화를 살리려던 계획은 무산되고 가화는 총에 맞아 죽는다. 지리산이 품었던 가화를 전장戰場의 논리로, 이데올로기의 폭력으로 살해한 것이다.

반역과 저항의
공간

《토지》에서 김환의 아버지 김개주는 실존하는 동학 장수 김개남 (1853~1895)을 모델로 했다. 박경리는 어릴 적부터 전설처럼 들어 왔던 김개남을 캐스팅하여《토지》의 전사前史를 완성한다. 최참판댁의 비밀, 비극의 씨앗이 잉태된 것이다. 전라북도 태인의 동학 접주인 김개남의 초명은 영주, 자는 기범인데, 1890년 즈음 동학교도가 되고 남쪽의 조선을 개벽한다는 뜻의 '개남開南'으로 개명하였다. '노동해방'을 위해 자신의 이름을 바꿔 쓴 어느 시인처럼, 자신의 의지와 목표를 분명히 밝힌 것이다. 1894년 전봉준이 동도대장일 때 총관령을 맡았으며, 손화중과 함께 3대 남접으로 불릴 만큼 동학농민혁명에서 김개남의 활약은 대단했다.

김개남은 전주에서 농민군이 퇴각할 때 지리산 쪽으로 진출한다. 남원에서 혁명을 이끌 당시 그는 천민부대, 다시 말해 노비, 백정, 승려, 장인, 재인을 중심으로 한 동학 부대를 이끌어 동학운동을 반봉건운동으로 이끌었다. 현직 수령들이 고분고분 말을 듣지 않으면 서슴없이 칼로 목을 내리쳤다.

《토지》 1부에서 동학당이 천지를 뒤덮듯이 몰려왔던 그해, 최참판댁에도 수많은 무리가 들이닥쳤다. 그 무리를 이끌고 온 인물이 김개주다. 대지주였던 최참판댁도 동학당의 명백한 목표물일 수밖에 없었다. 고을 수령도 목이 날아가는 판이다. 저항은 죽음을 재촉할 뿐이다. 일가 몰살을 각오한 윤씨 부인은 안방에 앉은 채 처분을 기다린다. 근데 웬걸, 무리들은 행랑에만 득실거릴 뿐 별당과 안채에는 얼씬도 하지 않는다. 자정이 넘어 발소리가 들린다. 장대한 사나이가 윤씨 부인의 방문을 연다. 김개주다. "나를 한번 쳐다보시오. 김개주요, 살아주어서 고맙소. 당신 아들이 헌연軒然 장부가 되었소." 메시지를 윤씨 부인에게 전한다. 이튿날 새벽 행랑을 점거하고 있던 무리는 썰물같이 최참판댁을 떠난다.

이곳을 떠난 그들은 최참판댁을 거쳐 가듯이 그렇게 조용했던 것은 아니었다. 오히려 격렬하게 파괴하였으며 관아를 습격하여 상하 관원, 토호, 관에 빌붙은 향반들을 살해하고 군물軍物을 탈취하는 등 읍내까지 휩쓸고 내려가는 동안 상당한 인명을 살상하였다. 섬진강 강가 송림의 흰 모래가 선혈로써 붉게 물들었었다고들 했다. 이와 같은 전후 사태로 하여 최참판댁이 동학당과 내통했느니 군자금을 대어주었느니 한때 풍문이 돌기는 했으나 그것은 풍문으로 그치고 말았다.

그해 구월 동학군은 남접과 북접이 호응 합세, 항일 구국의 대전선을 결성하여 또다시 일어섰으나 십이월에 들어 연이은 패전으로 동학군이 완전 붕괴되고 농민전쟁이자 민족 전쟁인 갑오 동학란의 비극의 막이 내려졌다. …… 윤씨는 김개주가 전주 감영에서 효수되었다는 말을 문 의원으로부터 들었을 때, 무쇠 같은 이 여인의 눈에 한줄기 눈물이 흘러내렸다. _《토지》 1부 2편 9장, 과거의 거울에 비친 풍경

원래 김개남은 서울까지 압송되어야 했지만, 전주에서 효수된다. 과격한 강경파였던 김개남과 아직 남아 있는 추종 세력을 생각할 때 서울까지의 여정은 변수가 너무나도 많았다. 그가 잡혀갈 적에 백성들은 "개남아, 개남아, 김개남아, 그 많던 군대 어데 두고 짚둥우리가 웬 말이냐"라는 노랫가락으로 안타까움을 표현했다고 전해진다. 김개남이 전주에서 효수되었다는 역사적 사실은 소설에서 김개주의 죽음 장면과 일치한다. 전주 서교장에서 김개남을 처형하고는

그 배를 갈라 동이에 담으니 보통 사람의 것보다 컸다고 한다. 원수 진 사람들은 김개남의 시체를 빼앗아 씹기도 하고 제사를 지내기도 했다. 현재 그의 무덤은 남아 있지 않고 효수된 사진만 전한다.

1875년 즈음 윤씨 부인에게서 태어난 아들 김환은 어느덧 20대 초반의 장성한 사내가 되었다. 1895년, 그러니까 동학농민운동이 있던 그 다음 해에 김환은 "최참판댁에 괴나리봇짐을 든 남루한 차림"으로 나타난다. "스물한두 살쯤 되어 보이는 젊은이는 차림이 누추하고 허기진 것 같았으나 준수한 용모였으며 알맞은 몸집이 어딘지 슬기로움을" 지니고 있는 것으로 묘사된다. 최참판댁에서 구천으로 불리며 하인 노릇을 했던 김환은 지상에서는 이루어질 수 없는 사랑을 하고, 그 사랑은 결국 지리산을 떠나 묘향산에 가서야 막을 내린다. 이후 김환은 아버지 김개주의 심복이었던 운봉 양재곤의 도움을 받아 본격적으로 지리산에서 동학 잔당들을 규합한다.

이윽고 해가 서너 뼘이나 남았을 무렵 혜관과 환이는 운봉노인이 있는 초막에 당도하였다. 운봉노인은 혜관이 올 것을 미리 알고 있었던 눈치였다.

"나 양재곤梁在坤이오."

먼저 통성명을 한다.

"소승은 혜관이라 하오."

"기연이구려."

"예?"

운봉노인은 활기에 차서 껄껄 소리 내어 웃었다.

"아 그렇지 않소이까? 동학과 불교는 그닥 사이가 좋은 편도 아닌데 말씀이오. 스님께서는 우리 일을 도우려고 발 벗고 나서주셨으니."

"아니 무슨 말씀이오? 소승은 도통 모르겠소이다. 발 벗고 나서다니."

"몰라도 할 수 없는 노릇, 몰랐다면 이곳까지 오시기가 불찰이었소."

운봉은 흰 수염을 흔들며 다시 소리 내어 웃는다.

_ 《토지》 2부 3편 3장, 산청장의 살인

연곡사 금어金魚(단청丹靑이나 불화佛畵를 그리는 승려)였던 혜관은 우관 사후에 윤씨 부인이 김환 몫으로 맡겨 놓은 전답문서를 관리하는 등 독립운동 자금을 운영하는 역할을 한다. 인용문은 서로 다른 종교이지만 조국의 독립이라는 공동 목표를 가진 동학과 불교의 핵심 참모들이 지리산 초막에 모인 장면이다. 이 지리산 모임은 전국의 독립운동을 조직하고 지원할 뿐만 아니라, 간도와 만주의 독립운동에까지 연결되어 있다.

김환은 동료 지삼만의 밀고로 체포된 후, 진주경찰서 유치장에서 목을 매어 자결한다. 김환의 곁에는 언제나 지리산 화전민 출신 사내인 의리남 강쇠가 있었다. 그는 김환의 죽음 후 백정의 사위 송관수와 함께 부산 부두노동운동을 조직하지만 발각되어 지리산으로 돌아와 정착한다. 강쇠는 지리산 쌍계사와 도솔암을 근거지로 혜관, 해도사, 소지감 등과 함께 독립운동을 계속해 나간다.

지리산은 우리 민족 고유의 성모신앙과 불교문화를 융합 발전시

경남 하동군 악양면 취간림翠澗林에 있는 '지리산 항일투사 기념탑'. 높이 7.5미터에 두 팔을 들고 태극기를 떠받치고 있는 형상이다. 탑에는 구한말부터 일제강점기에 지리산 일대에서 일제에 맞서 싸운 대표적인 항일 독립투사들의 이름을 새겨 놓았다. 하동, 산청, 합천, 함양, 진주, 사천, 남원, 진안 출신 항일 독립투사들은 모두 지리산을 근거지로 활동했다.

킨 터전이다. 지리산은 영산靈山으로서 에너지를 발한다. 지리적으로는 영호남의 경계를 허물고 사람과 사상이 화합하고 공존하는 역사의 광장이다. 은둔과 자기 연마의 장소, 저항과 투쟁과 모색의 공간으로 지리산은 품 넓게 모두를 받아들인다. 억압과 착취, 차별과 핍박을 피해 다양한 계층의 사람들이 모인 공간이 지리산이다. 그렇게 지리산은 오랫동안 외세의 침입에 저항하는 근거지로, 농민항쟁과 동학농민혁명, 의병전쟁 등의 근거지가 된다.

화해와 생명의
공간

지리산은 '꿈을 꾸는 공간'이다. '반역'이란 결국 '지금 여기'가 아니라 내일을 꿈꾸는 것이다. 그러기 위해 '저항'하는 것이다. 서로 다른 지향과 사상은 부딪고 상처를 낼 수밖에 없다. 하지만 그렇게 생긴 한恨과 혈흔은 결과가 아니라 과정이다. 한은 풀리고 피는 멈출 것이며, 그렇게 지리산은 화해와 생명의 공간으로 거듭난다.

지리산은 우리 민족의 육신같은 존재가 아닐까? 우리의 살갗, 우리의 심장, 우리 민족의 혈흔이 점철된 곳, 지리산은 산 중에서도 겹겹이 쌓인 겹산이며 어느 산보다 많은 생명을 포용했었다. 숨을 곳이 많다는 것은 헤치려는 의도를 부르고 생존이 가능하다는 것은 생존을 저해하려는 힘을 부른다. 산세와 위치로 하여 상호작용이 강인하고 첨예했던 지리산은 우리 근대사의 축소판이라 하여도 지나치지 않으리. 핍박받는 사람, 쫓기는 사람, 볕 바르게 살 수 없는 사람, 자유를 갈구하는 사람들을 보듬어 주었던 산, 일제에 항거하는 영혼들이 모였으며 일제 징병을 거부하는 젊은이의 은신처였던 곳, 6·25 동란 때는 민족상잔의 현장으로 까마귀 떼의 울음과 작렬하는 포성으로 가득하였던 곳, 그 처연한 소리들은 모성인 지리산의 울부짖음이며 오열이었을 것이다. 살갗이 찢기고 심장이 터지고 홍수로 흐르는 피의 통곡이었을 것이다. _ 〈지리산 그것은 어머니의 품이다〉, 《생명의 아픔》, 마로니에북스, 2016.

《토지》에서 화해와 생명, 작가가 말하는 지리산의 모성은 길상이 그린 '관음탱화'의 형상으로 구체화된다. 각박해지는 정세 속에서 동학당 모임을 해체한 길상은 원력顧力을 모아 우관선사의 유언인 관음탱화를 조성한다. 서희는 길상이 관음탱화를 완수하였다는 소식을 듣고도 선뜻 도솔암으로 가지 않고 머뭇거린다. 길상은 서희에게 "관음상을 장엄한 뒤 당신 생각을 했소, 당신 모습이 있어 그랬나 보오."라고 말한다.

관음탱화에서 서희의 모습을 발견하는 또 다른 인물은 서희를 먼발치에서 사모하였던 조병수다. 조준구는 서희를 꼽추 아들 병수와 결혼시키려 했고, 아름다운 서희를 넋을 놓고 바라보았던 병수는 길상에게 혼쭐이 나기도 했다. 그런 병수는 길상이 관음탱화를 완수하였다는 소식을 듣고 통영에서 출발하여 지리산에 오른다.

병수는 선 자리에서 주저앉고 말았다. 최서희의 모습이 안개같이 떠도는 것 같았지만 그러나 다만 그것은 아름답고 유현한 관음보살이었을 뿐이다. 머나먼 곳에서 비쳐오는 빛과도 같이, 구원과도 같이 아름다운 관음보살. 깊이 모를 슬픔이며 환희 같기도 했다. 그러나 어느덧 경이로움과 감동은 떠나갔다. 대신 길상의 외로움이 가을밤처럼 숙연하게 묻어오는 것을 느낀다. 그것은 이상하게도 병수의 마음을 편안하게 해준다. 자신의 외로움과 동질적인 길상의 외로움이 겹쳐지면서 외롭지 않다는 묘한 느낌이었던 것이다. 영혼과 영혼이 서로 닿아서 느껴지는 충일감 같은 것이기도 했다. _《토지》 5부 5편 3장, 산은 말이 없고

길상이 그려 도솔암에 장엄莊嚴한 '관음탱화'는 독자의 상상 속에만 존재한다. 이 그림은 작가가 묘사한 길상의 관음탱화와 가장 유사한 형태의 불화佛畵이다. 작품 속 관음탱화는 "오른손에 버들가지를 들고 왼손에는 보병寶甁을 든" 모습으로, "청초한 선線에 현란한 색채, 가슴까지 늘어진 영락瓔珞이며 화만華鬘은 찬란하고", "투명한 베일 속", "풍만한 육신"의 형상으로 그려진다. 위의 그림을 보고 묘사한 듯 거의 똑같은 형상이다.

《토지》에 나오는 불교 사찰과 탱화에 대한 묘사는 일정 부분 답사의 산물이다. 박경리의 외동딸 김영주 전前 토지문화관 이사장(1946~2019)은 대학원에서 불교미술을 전공했다. 지금처럼 쉽게 인터넷에서 이미지들을 탐색하고 내려받을 수 있는 시절이 아니었다. 김영주 이사장은 논문 작성 시 어머니 박경리와 함께 불교 사찰의 탱화를 보러 다닌 경험을 이야기하곤 했다. 이때의 답사가 소설 속 사찰과 탱화를 묘사하는 데에도 영향을 주었을 것이다.(혜허, 〈수월관음도〉, 고려 12~13세기, 144×62.5cm, 일본 센쇼지 소장)

조병수는 길상의 관음탱화를 통해 위로를 받는다. 꼽추로 태어나 받았던 온갖 서러움, 아버지 조준구의 죗값을 대신 치르고자 수도 없이 죽고자 하였던 그 고독함을 이 관음상의 외로운 형상에서 위로 받은 것이다. 한편, 길상의 관음탱화를 보고 감동을 받은 인물 중에 임명희의 등장은 의외이다. 그녀는 신식 공부를 한 기독교인이다. 그러나 작가 박경리 역시 가톨릭 신자였음을 고려하면 임명희가 받은 감동은 작가가 탱화로부터 받은 감동과 가장 가까운 감정이었을 수 있다.

순간 명희는 참으로 기이한 충격을 받는다. 그렇게 현란하게 보이던 관음상이 폐부 깊은 곳, 외로움으로 명희 이마빼기를 치는 것이었다. 어째서일까? 명희는 자기 마음 탓이려니 생각하려 했다. 그러나 그것은 뭐라 형용하기 어려운 감동이었다. 숙연한 슬픔, 소소한 가을바람과도 같이 영성靈性을 흔들며 알지 못할 깊고도 깊은 아픔 같은 것이었다. 그것은 원초적이며 본질적인 것으로 삼라만상에 대한 슬픔인 것 같았다. 법당에서 나왔을 때, 선명한 단풍과 아직은 푸름이 남아 있는 맞은편 숲이 투명한 푸른 하늘에 묻어날 듯 명희 시계에 들어왔다. 마치 인생의 한 고개를 넘은 듯 명희 입에서 가느다란 한숨이 새나왔다. 도대체 김길상이란 누구냐 하는 의문도 명희 마음속에서 강하게 소용돌이쳤다.

_《토지》 5부 4편 1장, 만산滿山은 홍엽紅葉이로되

한때는 상전으로 모셨으나 지금은 자신의 아내가 된 서희, 최참판 댁 비극의 단초를 제공했던 조준구의 아들 꼽추도령 병수, 일본 귀족의 후취後娶였다가 무기력한 삶으로 한때 자살을 꾀했던 기독교 신자 명희 등 관음탱화를 보기 위해 많은 이들이 지리산에 오른다. 《토지》의 대단원에 이르러 길상이 지리산 도솔암에 조성한 관음탱화는 계급과 이념, 종교의 분열을 뛰어넘어 상생의 메시지를 전하는 기표이다. 단지 반역과 핏빛 배경으로서의 지리산이 아니라 저항과 분열의 역사적 상처를 보듬는 화해와 생명의 공간으로서 지리산이 거기에 있다.

사잇섬,
굴러온 돌의 생존법

지금 우리가 발붙이고 있는 이 땅,
간도間島도 아득한 옛날에는 우리 땅이었고
근자에 와서도 우리 부모들이 피땀 흘리며 이 땅을 일구었건만
이미 이곳은, 우리 땅이 아닌 이 고장에서 청국 사람들로부터
가지가지 헤일 수 없이 받은 핍박의 역사도
여러분들은 잘 기억하고 있을 것입니다.
그러나 우리 부모님들은 변발도 아니했고
다브잔스도 아니 입었고 귀화도 하지 았습니다.
왜? 그것은 어떤 핍박, 어떤 설움보다
조선인이 아니라는 설움이 더 컸기 때문입니다.

_《토지》 2부 1편 10장, 정호의 질문

도피처 혹은
해방구

'간도間島'(젠다오)라는 지명은 병자호란(1636) 뒤에 청나라 측이 이 지역을 봉금지역封禁地域(이주 금지의 무인공간지대)으로 정한 뒤, 청나라와 조선 사이에 놓인 섬과 같은 땅이라는 데서 유래된 것으로 보인다. 조선 후기에는 우리 농민들이 이 지역을 새로 개간한 땅이라는 뜻에서 '간도墾島'라고 적었고, 또 조선의 북동北東 방향의 간방艮方(정동正東과 정북正北 사이 한가운데를 중심으로 한 45도 각도 안의 방향)에 있는 땅이라 하여 '간도艮島'라고도 적었다.

간도는 서간도와 동간도로 구분된다. 서간도는 압록강과 송화강의 상류 지방인 백두산 일대를 가리키며, 동간도는 북간도라고도 하며 훈춘琿春·왕청汪淸·연길延吉·화룡和龍의 네 현縣으로 나누어져 있는 두만강 북부의 만주 땅을 말한다. 보통 '간도'라고 하면 북간도를 말한다. 간도에 우리나라 사람이 이주하기 시작한 것은 철종 말에서 고종 초이다. 세도정치의 학정과 수탈에 못 견뎌 관권이 미치지 않는 두만강 너머로 이주하는 사람들이 생겼다. 또한, 1869년을 전후한 함경도 지방의 대흉년으로 기민飢民들이 압록강·두만강을 넘어 간도 지방에 들어가 새로운 삶의 터전을 마련하였다.

기록에 의하면, 간도 이주민이 대거 늘어난 것은 1910년을 전후한 시기다. 일제 침략의 손아귀에서 벗어나고자, 또는 항일운동의 새로운 기지를 구해 간도로 이주하는 사람이 급증한 것이다. 1910년 9월부터 1911년 12월 사이에 간도로 이주한 우리나라 사람이 2만 5,193명이나 되었다고 한다. 이 시기는 소설 속에서 서희 일행이 간도로 이주한 때와 일치한다. 《토지》 2부의 이야기는 간도를 중심으로 펼쳐진다. 서희가 조준구에게 모든 재산을 빼앗긴 후 쫓기듯 간도로 이주한 이후의 이야기다. 2부의 첫 장면은 용정 대화재로 운흥사로 피신한 서희와 교포 이재민들의 처참한 모습으로 시작된다.

1911년의 오월, 용정촌 대화재는 시가市街의 건물 절반 이상을 잿더미로 만들었다. 사진沙塵을 거슬러 올리며 달려든, 오월에 흔히 부는 서북풍이 시가를 화염의 바다로 몰아넣고 걷잡을 수 없게 했던 것이다. 아직 공사가 진행중에 있는 절에 피신한 서희 일행은 용이와 길상, 월선이, 임이네, 홍이, 그리고 간도에 오면서부터 서희 시중을 들게 된 새침이와 부엌일을 하는 달래오망이, 일꾼 두 사람이었다. …… 경상도 하동 땅에서는 삼천리 밖, 두만강 너머 북녘에 있는 남의 땅에는 오월에도 찬서리가 내린다. 서희는 절방 하나를 비위 간신히 하룻밤을 보냈으나 나머지 사람들은 뜨락에 끌어다 놓은 짐짝을 의지하고 혹은 서로의 체온을 의지하며 악몽 같은 밤을 지새 웠다. 날이 밝아왔을 때 공포와 절망 그리고 추위 때문에 사람들 얼 굴은 모두 풀빛이었고 고량을 섞은 주먹밥으로 아침 요기를 한 뒤에 도 어떻게 해야 좋을지 엄두가 나지 않는 모양이다. 여자들과 아이 들은 이불 혹은 모포를 뒤집어쓰고 옹기종기 한곳에 모여 앉아 있었 다. 그들과 떨어져서 헛간 처마 밑에 이불을 감고 짐짝처럼 나둥그 러져 있는 것은 임이네다. 간간이 흘러나오는 신음 소리만 없었더라 면 송장으로 잘못 알았을지 모른다. 남정네들은 어지러운 절마당을 미친 듯이 서성거리는가 하면 용정촌을 끼고 서남으로부터 동북쪽 을 향해 흐르는 해란강을 바라보며 말라 터져서 피가 배어난 입술을 떨고, 더러는 불탄 자리를 살피러 가는 사람도 있었다.

_ 《토지》 2부 1편 1장, 화재

1910년대 이후 식민지 조선에서 간도로 이주하는 조선인은 점차 늘어난다. 1926년 간도 지방에 거주하는 중국인 호수는 9,912호인 데 비해 조선인 호수는 5만 2,881호였다. 무려 5배가 넘는 수치다. 농토는 간도에서는 52퍼센트, 화룡과 연길 지방에서는 평균 72퍼 센트가 조선인 소유였다. 일제 말에 이르면 조선에 거주하는 일본 인의 수가 약 75만 명이었는데, 당시 만주에 이주한 조선인 수는 약 150만 명에 달했다고 한다.

이처럼 농민들이 간도로 이주한 이유는 크게 두 가지다. 하나는 일

"대지의 사람들을 보기 위해", "사람이 사는 모습을 보기 위해" 중국에 온 박경리, 그를 대지의 아이들이 보고 있다.

1989년 여름, 박경리는 난생처음 비행기에 올랐다. 그때 나이가 63세. 작가는 그동안 해외여행을 가지 않은 이유를 《토지》의 맥이 끊어질 것 같은 두려움" 때문이었다고 고백한다. 당시는 《토지》 4부의 연재가 끝나고(1988년 5월) 5부 집필을 준비 중인 시점이었다. 5부는 1992년 9월부터 《문화일보》에 연재를 시작한다. 여행 경로는 서울→홍콩→베이징(북경)→하얼빈(합이빈)→창춘(장춘)→옌지(연변)→백두산→선양(심양)→베이징→홍콩→서울이었다. 아직 한중 수교 전이어서 홍콩을 경유해야 했다. 작가는 중국 여행을 다녀와 《만리장성의 나라》라는 기행집을 낸다. 책의 서문에서 박경리는 중국에 간 이유를 다음과 같이 밝히고 있다.

나는 "뭣하러 중국에 왔지?" 하고 자문自問해 보았다. 주변에서는 소설 《토지》의 무대인 간도와 만주 일대를 살피러 간다고들 했다. 의당 그럴 거라고 생각하며 내게 말을 걸어오는 사람도 있었다. 자료나 현장의 답사가 작가에게 도움을 주지 않는 것은 아니지만, 지나치게 자료에 의존한다든지 생생한 현장이 작가의 상상력을 저해하는 요소가 되는 것도 사실이다. 나는 결코 작품에 나오는 현장을 돌아보기 위해 서울을 떠나온 것은 아니다. 대지大地의 사람들을 보기 위해 중국에 왔다. 사람이 사는 모습을 보기 위해, 우리 동포의 삶과 만나기 위해, 그것은 작가 이전의 사람으로서 인류 생존에 대한 열망 같은 것이었다. (출처: 《만리장성의 나라》, 나남출판, 2003.)

제의 강제 토지조사사업으로 농토를 탈취당한 농민들이 생존을 위해 어쩔 수 없이 이주한 것이고, 다른 하나는 반제국·반봉건 투쟁을 위해 자발적으로 이주한 것이다. 일제를 등에 업은 조준구를 피해 간도로 이주한 서희와 평사리 주민들, 그리고 그곳에서 독립운동 세력과 연결된 길상의 이야기는 당시의 외적 조건을 구체적으로 보여 준다.

사실 《토지》 2부를 연재할 당시, 작가 박경리는 중국에 가 본 적이 없었다. 박경리는 간도 지역 묘사와 방언은 함경도 출신 작가 안수길의 《북간도》를 활용하였다고 술회한다. 《북간도》는 1959년부터 1967년까지 《사상계》에 연재된 작품이다. 완성까지 8년여의 시간이 걸린 안수길의 대표작이다. 주된 서사는 이한복 집안과 장치덕 집안이 만주 비봉촌에서 4대에 거쳐 살아가는 이야기를 그린 것이다. 안수길은 《북간도》 전에도 만주에서 토지를 개척하는 조선인의 삶을 그린 작품집 《북원北原》(1944)을 발표했는데, 만주에 대한 작가의 지속적인 관심은 그의 투철한 역사의식에서 비롯된 것이다.

원래 북간도를 중심한 동만東滿 일대는 국치전후國恥前後부터 우리의 국권을 회복하려고 실지 전투를 한 독립군 부대를 비롯해 애국선열들이 피 흘린 흔적이 생생한 곳임은 새삼 말할 것도 없는 일이지만, 이주의 역사는 줄 잡아 근 백 년의 세월을 셈할 수 있는 곳이다. 역사적으로 우리의 땅임이 분명한 이 지대에 남의 땅에 온 것처럼 우여곡절 복잡다단했던 세기말에서부터 금세기 초에 걸친 열강들의 각축전 속에 부대끼는 우리 농민들의 생활상은 고로古老들의 전언과 더불어 기자였던 탓에 현지답사 같은 것에 의해 뼈저리게 실감할 수 있었다. 그들의 생활에 있어서는 "인간이 무엇이냐?"보다도 "어떻게 살아야 하느냐?"가 절실한 문제로 등장하고 있었던 것이다.

_ 안수길 산문집, 《명아주 한 포기》, 1977.

현재 간도에 해당하는 지역에는 중국의 소수민족정책에 따라 '연변조선족자치주'가 설치되어 있고, 이곳에는 11개 민족이 거주하고 있다. 이 가운데 조선족이 전체의 41퍼센트인 1백만여 명에 달한다. 행정수도인 연길에는 조선족 중심의 중점종합민족대학인 연변대학이 있다. 1949년 설립된 연변대학은 중국 내 조선족을 위한 최고 학부이다. 캠퍼스의 위치는 예전 일본의 관동군 사령부가 있던 자리다. 캠퍼스 내에서 유골이 발견돼 '무명항일열사비'가 교내에 세워질 만큼 캠퍼스 자체가 역사의 흔적을 고스란히 간직하고 있는 셈이다.

중국 내 소수민족 중에서도 조선족의 교육열은 정평이 나 있다. 《토지》에서는 일제강점기 어려운 상황에서도 자산가인 송병문이 용정촌에 '상의학교'를 설립하는 장면이 나온다. 연변대학은 재학생만 2만여 명에 달하며 19개 단과대학에 68개 학부가 운영 중이다. 또한 대학에는 1천 명 가까운 외국인 유학생이 재학 중이다. 가장 인기 있는 학과는 한국어를 배울 수 있는 조선어문학부이다. 중국 전역에서 한국어를 배우기 위해 연변대 조문학부로 모인다. 중국의 한족漢族 학생들은 '조선어'라는 명칭보다 '한국어'를 선호한다고 한다.

연변대학은 교환학생과 교환교수 등 국내 여러 대학들과 학문적인 교류가 활발하다. 간도 이야기를 하다가 연변대학으로 넘어온 것은, 조선족 교육의 허브 역할을 하는 연변대학이 《토지》와도 분명 관련이 있을 것이라는 생각에서다. 《토지》는 줄곧 일제강점기 용정·간도·만주 지역을 중심으로 이주민들의 삶과 독립운동상을 생생하게 그린다. 하지만 이 지역 어디에도 《토지》와 관련된 안내나 정보, 기념 공간은 마련되어 있지 않다.

《토지》 2부의 배경이 되는 '룡정' 시내에 가면 '용정龍井'(룡징)이라는 이름이 유래한 우물터가 보존되어 있다. 우물터에는 처음 우물을 발견한 사람의 이름이 새겨진 기념비도 세워져 있다. 국내 여행사들이 백두산과 고구려 유적, 연길을 묶어 패키지여행 상품을 만들고, 용정 우물터도 코스에 포함시키고 있지만, 한국 가이드의 설명 어디에서도 《토지》 이야기는 듣기 어렵다. 이곳에 《토지》와 관련된 작은 기념물이나 안내판이라도 하나 세워 마시지도 못할 우물터에 버스를 댄 스토리를 풀어 주면 어떨까?

용정 우물터 다음 코스는 '윤동주 생가'다. 여행상품 광고에도 '민족의 영산靈山 백두산', '고구려, 옛 영토를 찾아서', '민족시인 윤동주 생가生家'가 전면에 내걸려 있었다.

윤동주는 용정 자신의 집에서 얼마나 살았을까? 윤동주는 1917년 12월 30일생이다. 용정에서 1925년 명동소학교에 입학하고, 1932년 송몽규·문익환 등과 함께 미선계 교육기관인 은진恩眞중학교에 입학한다. 1935년 평양 숭실중학교로 전학하지만, 편입시험에 떨어져 3학년으로 들어간다. 1936년 일제의 신사참배에 항의하는 표시로

중국 용정(룽징)에 있는 '용정지명기원지정천龍井地名起源之井泉' 비석. 이 우물은 공교롭게도 《토지》의 이야기가 시작되는 1879년에 발견되었다. 비석 뒤에는 비석을 세운 정황과 '룽정' 지명의 유래를 다음과 같이 기록해 두었다.

이 우물은 1879년부터 1880년 간에 조선 이민 장인석, 박인연이 발견하였다. 이민들은 우물가에다 '용드레'를 새겼는데 룽정 지명은 여기서부터 나왔다. 1934년 룽정촌의 주민 리기섭이 발기하여 우물을 수선하고 약 2미터 높이의 비석 하나를 세웠는데 그 비문을 '룽정지명기원지우물'이라고 새겼다. 1986년 룽정현 인민정부에서는 '문화대혁명'으로 파괴되었던 이 우물을 다시 파고 비석을 세웠다.

자퇴하고 용정으로 돌아와 광명학원 중학부 4학년으로 편입한다. 그 후 1938년 4월 연희전문(현 연세대학교) 문과에 입학하여 기숙사 3층에서 송몽규·강처중과 함께 서울 생활을 시작한다. 윤동주가 용정 생가에서 지낸 시간은 도합 20년 남짓이다. 윤동주는 1945년 2월 16일, 후쿠오카[福岡] 형무소에서 생을 마감한다. 해방을 불과 6개월 앞둔 시점이다. 동주는 29년의 짧은 생애 중 20여 년을 용정에서 보낸 것이다.

관광버스에서 내려 윤동주 시인의 생가 앞에 이르면, 제일 먼저 눈에 띄는 것이 '중국 조선족 애국시인 윤동주 생가'라고 새겨 놓은 집채만 한 바위다. 언제 윤동주 시인이 중국 국적의 애국시인이 된 것인가? 애국이라면 중국에 애국했다는 소린가? 어이없고 황당한 광경이다. 이럴 거면 생가에서 버스로 조금만 이동하여 윤동주 시인의 묘소가 있으니, 그곳까지 코스에 포함시키는 편이 '민족' 운운하는 여행상품 취지에 맞을 것이다. 그때나 지금이나 '간도'는 우리 민족의 상처이자 풀어야 할 숙제이다.

간도에서의 결정적인 세 장면

장면 1. 서희는 어떻게 다시 부자가 되었나?

복수도 돈이 있어야 한다. 불타는 복수심만으로는 어림도 없다. 복

작가의 생가生家를 찾는 이유는 그야말로 작가가 나고 자란 그때의 정취를 조금이나마 느끼고 싶어서이다. 그래서 세월이 지난 뒤에도 생가터를 찾아내어 고증을 거쳐 그때의 모습으로 재연하는 것이다. 필자가 처음 윤동주 시인의 생가를 찾았을 때는 중앙선도 없는 왕복 2차선 국도변에 '윤동주 생가'라고 새겨 놓은 큰 돌을 세워 놓은 것이 전부였다. 그것이면 충분했다. 만약 그 돌이 없었다면 우린 그냥 지나쳤을지도 모른다. '생가'는 도로변에서 내려앉아 있어 길에서는 보이지도 않는다. 주위에 랜드마크가 될 만한 다른 건물도 없다.

이튿날 밤, 우리는 다시 생가를 찾았다. 캄캄한 밤이었다. 손전등을 켜고 길을 더듬어 생가 마루에 앉았다. 가로등도 없는 외진 곳, 별이 쏟아졌다. 시인 윤동주가 봤던 그 별이다! 하늘과 바람과 별과 시! 우린 한참 동안 시인이 앉았던 그 툇마루에 앉아 별을 보며 보온병에 담아 간 커피를 마시고 귀환했다.

몇 해 전, 다시 용정을 찾았을 때 그 별은 볼 수 없었다. 생가 진입로에는 성城을 쌓은 듯 큰 문을 만들어 달고 담을 둘렀다. 그 옆에는 문보다 더 큰 돌에 한글과 한문으로 '중국 조선족 애국시인 윤동주 생가'라고 적어 두었다. 생가가 아니라 공원처럼 꾸며 놓은 것이다. 입구부터 생가 앞까지 잘 절삭된 돌로 계단을 만들어 관람객들의 보행을 도왔다. 동주는 미처 누려 보지 못한 호사다. 군데군데 윤동주의 시詩를 바위에 새겨 놓았다. 우리에게 익숙한 윤동주의 시보다 초기에 썼던 동시들이 많다. 중국 조선족 애국시인의 동시라니? 선정 기준은 뭐였을지 궁금하다. 시인의 집 앞에는 생가를 압도하는 큰 한옥 건물을 지어 전시관을 만들고 사진과 전시물들을 시대순으로 나열해 두었다. 입장료 30위안元.

수의 단위도 남다르다. 대지주였던 시절, 그 땅과 집을 모두 되찾는 것이다. 집안의 컨트롤타워였던 할머니 윤씨 부인도 돌아가시고, 아버지는 살해당하고, 어머니는 하인인 줄 알았던 남자와 야반도주했다. 서울에서 내려온 "딱정벌레"같이 생긴 조준구란 자가 결국 모든 걸 차지하고 들어앉았다. 목숨도 부지하기 어려운 상황에서 충복 몇몇과 좋은 시절 우리 편이던 주민들과 함께 간도까지 도망쳐 왔다.

이때 서희의 나이가 갓 스무 살 남짓, 요즘 같으면 이제 겨우 주민등록증이 나오고 성인 행세를 할 나이다. 어찌 보면 딱 이용당하기 좋은 나이이기도 하다. 실제로 이동진, 김훈장, 공노인 등 자리만 깔아 주면 한 마디씩 거드는 어르신들이 주변에 천지다. 중심을 잡지 못하고 갈팡지팡하다 보면 죽도 밥도 안 되었을 것이다.

그러나 서희에게는 어린 나이를 상쇄하고도 남을 타고난 DNA가 있었다. 아버지 최치수를 닮아 "성미가 명석하고", 할머니 윤씨 부인을 닮아 "대범하며 굳은 의지와 정확한 판단력"을 가졌다. 다행히 어머니 별당아씨는 닮지 않았다. 어머니는 자신이 가진 모든 것을 포기하고 낭만적 사랑을 택했다. 서희가 길상을 선택한 것 역시 무모해 보일지도 모른다. 하지만 그것은 사실 치밀하게 세워진 전략의 산물이었다. 물론 남자로서 길상에 대한 끌림과 사랑 비슷한 감정이 없었던 것은 아니다. 하지만 서희는 그것만으로 결혼을 결심할 만큼 무모한 캐릭터가 아니다. 결혼 후 김길상에서 최길상으로 호적을 바꾸고 가문을 잇는 일련의 과정은 서희의 용의주도함과 전략적 판단, 실행력이 있었기에 가능했다. 만약 간도까지 따라와 곁을 맴돌던 상현과의 결혼을 선택했다면? 그저 이씨 집안의 며느리가 되었을지도 모른다.

어린 시절의 서희는 "포악스럽고 의심 많고 교만"한 아이로 그려져 있다. 서희의 서사를 중심에 놓고 보면, 서희가 자신을 발견하고 내면적으로 성숙해 가는 과정은 《토지》의 전반부를 '성장소설 Bildungsroman'처럼 보이게 한다. 하지만 정신적 성숙만으로는 복수를 이룰 수 없다. 종잣돈이라도 있어야 무엇이라도 도모해 볼 수 있을 것이다. 종잣돈은 할머니의 장롱 다리에서 나온다.

무섭고 이상한 생각이 들어 떨면서 서희는 마루에 나가 어두운 뜰을 바라보았다. 얼마간 시간이 지나갔을까. 방안에서는 꽤 오랫동안 달그락거리는 소리가 났다. 장롱 옆구리에 달린 고리가 흔들리는 소리가 나고 장롱을 열고 닫는 소리도 났다. 이윽고 윤씨 부인은 방문을 열고 손짓하여 서희를 들어오게 했다. 방바닥에 놋발이 하나 댕그렇게 놓여 있었다.

"놋발 대신 저기 막대기를 괴었느니라. 후일 너에게 어려움이 있을 때 …… 만일을 위해 마련해 주는 게야. 아무에게도 말하지 말라. 그것을 쓰게 되고 못 쓰게 되는 것은 오직 신령의 뜻이 아니겠느냐?"

그리고는 놋발을 들고 나가는 할머니의 뒷모습, 성큼하게 큰 키에 긴 두 팔은 어둠 속으로 사라졌다. _ 《토지》 1부 5편 17장, 악惡은 악惡을 기피한다

그날 밤, 그러니까 역병이 돌고 집안 사람들도 하나둘 죽어 나가던 그 밤에 윤씨 부인은 별당에서 자고 있던 서희를 은밀히 찾는다. 서희에게 망을 보게 하고 농발을 빼고 거기에 막대기를 받친다. 막대기는 금괴와 은괴다. 우리 할머니들이 장판 바닥에 지폐를 깔아 놓는 수준과는 단위가 다르다. 그 금과 은을 간도의 공노인은 거금 삼천 원으로 바꿔 온다.

서희는 일단 그 돈으로 거처하기에 불편하지 않을 정도의 집을 장만하고 큰 곳간을 마련한다. 그리고 인근 촌락에서 모여드는 곡물, 두류豆類, 그중에서도 백두를 매점買占하여 곳간에 쌓아 놓는 일부터 시작한다. 백두의 매점매석으로 서희는 3년 동안 자본을 두 배로 늘리는 데 성공한다. 재산을 크게 비약시킨 결정적인 기회는 청나라 상부국商埠局에서 토지를 매입할 때 찾아왔다. 정보는 공노인이 물어 왔다. 요지에 있는 땅 500평을 평당 6원에 사서 두 배가 넘는 가격에 되판 것이다. 고급 정보와 실탄으로 땅투기를 한 셈인데, 이 일로 서희는 단시간에 종잣돈보다 훨씬 더 큰 돈을 모을 수 있었다.

돈은 모으기도 힘들지만 지키기도 힘들다. 특히나 당시는 일제강점기였고, 내 나라가 아니었다. 간도는 조선, 중국, 일본이 독립과 이권을 위해 첨예하게 맞붙은 공간이었다. 그곳에서 자산가가 된 서희에게 일본과 독립운동 조직 양쪽에서 기부금과 독립운동자금을 요청한다. 분명한 입장을 밝혀야 할 순간, 서희의 입장은 분명하다.

난 하동으로 돌아가야 할 사람이다. 살을 찢고 뼈를 깎고 피를 말리는 고초를 겪는 한이 있어도 나는 내가 세운 원顯을 잊어서는 아니 된다. 내 살을 찢고 내 뼈를 깎고 내 피를 말리던 원수를 어찌 꿈속엔들 잊으리!

내 집 내 땅을 찾기 위해선 무슨 짓인들 못할까 보냐. 삭풍이 몰아치는 이 만주 벌판에까지 와가지고 그래 독립운동에 부화뇌동하여 고향으로 돌아갈 수 없는 몸이 될 수는 없지. 그럴 수는 없어. 내 넋을 이곳에 묻을 수는 없단 말이야! 원수를 갚을 수만 있다면 내 친일인들 아니할손가? 아암요. 이 부사댁 서방님, 친일파 절에다가 나는 시주를 했소이다. 그래서 어떻다는 게지요? 내 돈을 악전惡錢이라구요? 그렇구말구요. 우리 조상님네는 이 부사댁 조상님네처럼 청백리는 아니었더란 말씀 못 들으셨소? 악전이면 어떻고 친일파면 어떻소? 내 일념은 오로지 잃은 최참판댁을 찾는 일이오. 원수를 갚는 일이오. 태산보다도 크고 바다보다 깊은 이 내 원한을 풀지 못한다면 나는 죽은 목숨이오. 당신네들은 싸우시오. 나는 이 손톱 마디마디에 피를 흘리며 기어서라도 돌아가야 할 사람이오.

_《토지》 2부 1편 13장, 법회

전쟁에 나서는 장군의 출사표가 이처럼 비장할까? 뚜렷한 목적의식에 결기마저 느껴진다. 그렇게 서희는 자신의 목표를 달성한다. 조준구로부터 재산을 되찾고, 진주에 정착한다. 그리고 이때부터 서희의 태도는 간도에서와 달리 조금씩 변화를 보인다. 그도 그럴 것이 남편은 독립운동을 하겠노라 남았고, 그러다 체포되어 감옥을 드나드는 판국에, 대놓고 친일을 할 수도 독립운동을 할 수도 없는 난감한 상황이었다. 상황 판단 빠르고 사리 분별 명확한 서희는 일제의 눈 밖에 나지 않으면서 드러나지 않게 독립운동을 후원한다.

장면 2. 결혼식도 없는 길상과 서희의 결혼

길상과 서희의 결혼 여부는《토지》2부의 이야기를 끌고 가는 주요 동력이다. 또한, 최씨 가문의 대를 잇겠다는 서희의 집착이 어느 정도인지를 상징적으로 보여 주는 사건이기도 하다. 누가 누굴 더 사랑했고 애태웠는지에 대한 판단은 독자의 몫이다. 서희와 길상의 결합은 남녀의 끌림과 가문의 복구, 고향으로의 귀환 외에 '간도'라는 공간의 특수성이 있었기에 가능했다. 전통적이고 보수적인 가치관이 지배하던 평사리란 공간과는 달리, 간도라는 공간 특유의 개방성과 그로 인한 '금기'의 약화가 둘의 결합을 가능하게 했던 것이다.

양반이며 대지주인 최참판댁 손녀, 최치수의 딸 최서희가 어려서부터 부려 온 어정쩡한 신분의 김길상과 혼인에 이르는 과정은 드러나지 않으면서도 줄곧 독자의 관심을 끄는 대목이다. 둘의 결합이 이루어진 때는 표면상 신분제도가 철폐된 시점이다. 1894년 고종은 문벌 반상의 등급을 폐지할 것과 귀천에 구애받지 않고 인재를 박탈할 것, 그리고 공사노비 일체를 폐지할 것을 명하였다. 그러나 아직 관념상으로는 신분 구별이 엄연히 존재하던 시기였다. 수백 년을 이어 온 관습과 관념 아래서 '양반과 종의 결혼'이란 충격적인 이벤트가 아닐 수 없다.

이는 그 시대를 살지 않은 독자에게도 마찬가지다. 하지만 작가는 의뭉스럽게도 서희와 길상의 밀당을 보여 주고 둘의 결혼을 슬쩍 암시만 할 뿐이다. 만약 연재 당시 《토지》를 읽고 있던 성질 급한 독자라면 에둘러 돌아가며 딴소리를 하는 작가에게 지쳐 버렸을지도 모른다.

우리나라 대부분의 장편소설은 신문이나 잡지에 연재된 200자 원고지 7~12장짜리의 이야기가 모여 하나의 작품을 이룬다. 따라서 대부분의 소설이 독자의 흥미와 재미를 유발하는 내용으로 채워지기 마련이다. 지금이야 종이 매체가 밀리는 추세지만, 한때는 《별들의 고향》의 경아를 만나기 위해 《조선일보》를 구독하고, 《인간시장》을 보기 위해 주간지를 사는 시대가 있었다. 신문연재소설이 대중소설, 통속소설로 호명된 이유도 이런 연재 시스템에 말미암는다. 이러한 관행은 작가에게 세계에 대한 진지한 고민이나 성찰보다는 매일매일 일기 쓰듯 써내야 하는 순발력을 요구했다.

박경리의 《토지》도 다른 장편소설들과 마찬가지로 잡지와 신문 매체를 통해 발표된다. 그러나 《토지》는 다른 연재소설들과는 다른 모습을 보여 준다. 대개의 연재 장편소설들은 텔레비전 방송국의 일일드라마와 유사한 패턴을 따른다. 오늘 벌어진 사건, 혹은 갈등의 해결은 결정적인 지점에서 내일로 미루어진다. 그러나 그 다음 날도 사건은 해결되지 않는다. 집요하게 사건은 '꼬리에 꼬리를 물고' 계속해서 시청자를 TV 앞에 묶어 둔다. TV 드라마의 이런 시청률 확보 전략은 연재소설 작가에게도 자의든 타의든 그대로 적용되기 마련이다. 그러나 《토지》는 대개의 연재소설들과 달랐다.

작품 속에서 서희와 길상의 결혼은 그 구체적인 장면 묘사와 서술이 뭉떵 생략되어 있다. 길상과 봉순의 어릴 적 감정, 서희에 대한 상현의 연정, 상현과 길상의 갈등, 길상과 옥이네와의 관계 등 숱한 관계망들이 전제된 둘의 결합은 반상의 계급 관념이 무너졌다는 표면적인 이유 외에도 전체적인 이야기 서술에 중대한 사건이 아닐 수 없다. 서희와 길상이 결혼을 할지도 모른다는 단서는 서희와 상현의 대작對酌 장면에서 처음 제시된다. 서희는 상현에게 의남매를 제안하고, 신랑감으로 길상이를 염두에 두고 있음을 통보한다. 그 자리에서 상현은 서희의 얼굴에 술을 끼얹고 연추로 떠나고 만다. 사실 서희가 상현에게 "말뚝을 박듯", '너랑은 아니야'라고 얘기한 것은 혼자만의 결정이었다. 길상과 입을 맞춘 것도 아니었다. 길상은 아직 회령 가스댁과의 관계가 남아 있고 여전히 헷갈리는 중이었다. 그것은 서희 혼자만의 계획이자 생각이었다.

이 모든 관계가 정리되고 서희와 길상의 갈등이 화해로 전환된 것은, 회령에서 용정으로 가는 길에 그들이 탄 마차가 전복된 사건이 계기가 된다. 전날 밤 옥이네를 만나고 온 서희를 향해 떠나겠다며 주정 아닌 주정을 하는 길상에게, "난 길상이하고 도망갈 생각까지 했단 말이야. 다 버리고 달아나도 좋다는 생각을 했단 말이야"란 서희의 어설픈 사랑 고백이 있었던 다음 날이다.

푼수 없이 지껄인 길상이나 체모 잃고 울어버린 서희, 푼수 없었

《조선일보》 1972년 8월 26일자 사고社告 "20대 신예가 그리는 '현대와 애정'"이란 타이틀이 달린 《별들의 고향》 연재를 알리는 신문사 광고. 작가 최인호가 처음 가져온 소설 제목은 '별들의 무덤'이었다. 편집장은 조간신문에 '무덤'은 가당치 않으니 '고향'으로 바꾸자고 제안했고, 그렇게 소설 《별들의 고향》이 탄생한다. 제목부터 철저하게 독자를 고려한 것이다. 《별들의 고향》은 연재될 당시 '키 155센티미터, 몸무게 44킬로그램, 짝짝이 눈꺼풀에 알밴 게처럼 통통한 몸매를 가진' 경아 신드롬을 불러일으켰다. 연재가 끝난 소설은 단행본으로 출판되어 100만 부가 팔리고, 1974년 이장호 감독, 신성일 · 안인숙 주연의 영화로 제작되어 관객 수 46만 명이라는, 당시 한국 영화 최고 흥행 기록을 세웠다.

다고 느끼는 이상, 체모 잃었다고 느끼는 이상, 이들 사이에는 엄연한 거리가 있는 거고 거리를 의식하면 할수록 멍울은 굳어질 수밖에 없다. 그들은 더 깊은 고뇌를 안고 돌아가는 것이다. 흔들리는 마차 속에서 때론 절망이, 때론 희망이 교차하는 마음은 끝없이 방황하면서. 그러나 이들에게 결정적인 계기가 왔다. 그것은 용정을 향해 달리던 마차가 **어떻게 되어 그랬던지** 뒤집힌 사건이다. 학성鶴城에서 안미대安味臺에 이르는 중간쯤, 계곡 사이의 좁고 가파로운 내리막 길을 달리던 마차가 돌연 뒤집히면서 계곡으로 굴러떨어진 것이다.

_ 《토지》 2부 2편 14장, 목도리

"어떻게 되어 그랬던지" 모를 마차의 전복 사건으로 길상은 찰과상을 입고, 서희는 의식을 잃은 상태로 발목 골절상을 입어 병원에 입원한다. 사고 당시의 급박한 상황은 길상의 회상으로 짧게 처리된다. 2004년 SBS 드라마에서는 김두수가 길상과 서희가 탄 마차를 따라붙는 마차 추격신으로 변주된다. 김두수의 총에 마차가 전복된 것이다. 어쨌든 이 사건으로 둘 사이의 거리는 좁혀지고 갈등은 해소된 것처럼 보인다. 그러나 둘의 결합 여부는 여전히 오리무중이다. 단지 다음과 같은 장면이 제시될 뿐이다. 병원에 입원한 길상과 병원 조수가 나눈 대화이다.

> 길상을 따라 나란히 걸으면서 조수는 담배를 꺼내어 권한다.
> "고맙소."
> 불을 붙여문다.
> "입원하신 분, 누이동생이 아니라 하셨는데 그럼 어떤 사이신가요?"
> 그간 무뚝뚝하게 대하던 조수는 아무래도 궁금증을 풀지 않곤 배길 수 없었던지 체면 불고하고 묻는다.
> **"내 처 될 사람이오."**
>
> _《토지》 2부 2편 15장, 꿈속의 귀마동歸馬洞

드디어, 드디어 밀당과 방황을 끝내고 길상이 결심을 한다! 2부 1편 15장에서 상현이 서희의 얼굴에 술을 끼얹고 떠난 후, 16개의 장을 건너뛴 장면이다. 그러나 작품 속에선 이 장면 이후에도 길상과 서희의 결합에 대해 아무런 언급이 없다. 이어진 16장 '주구走狗의 무리'에서는 밀정 노릇을 하는 김두수의 모습이 그려진다. 다음 2부 3편 '밤에 일하는 사람들'의 열네 장은 평사리에 남아 있는 사람들의 생활과 진주 기생이 된 봉순이, 서울에 올라온 상현과 서울 지식인들의 모습, 김환을 비롯한 동학 잔당의 활약상과 그들 조직 내의 갈등이 그려진다. 2부 3편의 1장 '땡땡이 중'에서 14장 '동행同行'까지의 열네 장 동안 길상과 서희는 한 번도 등장하지 않는다. 물론 둘의 결합 여부에 대해서도 독자는 알 수 없다. '꼬리에 꼬리를 물고' 독자를 붙잡아 둬야 하는 연재소설의 문법과는 확실히 다른 이야기 전개 방식이다. 눈앞의 사건은 지면에서 사라지고, 독자는 방치된다.

그러다가 길상과 서희의 결혼이 공식화되는 것은 4편 1장 '묘향산 북변의 묘'에 이르러서이다. 총 17개 장章을 건너고, 300쪽이 넘는 분량을 지난 후다. 다음은 혜관과 기생이 된 봉순이가 용정촌을 찾아와 서희와 만나는 장면이다.

"그는 그러하옵고, 길상이는 이곳에 있지 아니 합니까? 아까부터 하마하마나 하고 인사 있길 학수고대하였는데, 네, 그 아이를 말할 것 같으면 어릴 적에 소승이 업어 기르다시피 하였고 소승의 영분領分이 금어이고 보니 길상이는 이른바 소승의 직제자라,"

숨넘어갈 듯 한바탕 지껄여대는데 **서희는 능청을 떠는지** 구경을 하는지. 혜관의 광대기엔 차츰 여유가 없어진다.

"수천 리, 이 땅을 찾아오게 된 이유 중에는 길상이 그 녀석 멱당

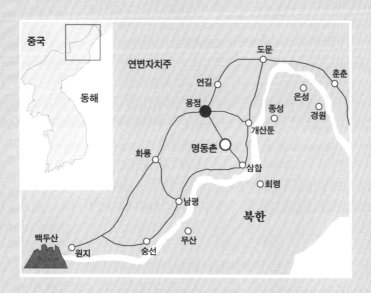

간도 지역의 첫 한인 공동체가 만들어진 명동촌 인근 지도. 《토지》 2부는 용정을 중심으로 회령, 훈춘, 도문에 이르기까지 인물들의 행동반경이 점차 확장되어 간다. 길상은 '회령'의 한양여관에 있던 옥이네(가스집)를 돌봐 주다 '심상찮은 관계로 발전'하는데, 결국 옥이네의 존재는 서희와 길상의 결합을 앞당기는 촉매 역할을 한다. 거복이는 김두수로 이름을 바꾸고 일제의 앞잡이가 되어 회령의 순사부장 자리에까지 오른다. 도문의 예민한 국경 문제가 토론의 장에 오르기도 하며, 이후 만주의 독립운동 상황이 전개되면서 장춘(신경), 하얼빈(합이빈), 연해주 지역으로까지 이야기는 점차 확장된다.

가지를 거머잡고서 절로 끌어가고 싶은 심정 그것도 있었고, 왜냐할 것 같으면 우관선사께서는 돌아가시기 전에 천수관음 조성을 절실하게 원하셨으니까. 결국은 뜻을 이루지 못하고 돌아가셨소. 우관선사께서는 늘 길상이 얘기를 하시었소. 천수관음을 조성할 자 그놈밖에 없노라고. 소승도 동감이었구요. 그는 그렇고, 길상이는 지금 이곳에 있지 않소이까?"

혜관은 비로소 말을 중단하고 기화에게 재빠른 시선을 던진다.

"서방님께서는 회령 나가셔서 안 계시오. 내일께나 오실는지요."

기화의 머리가 앞으로 수그러지고 혜관은 파리 잡아먹은 두꺼비처럼. 혜관이나 기화가 다 같이 예상했던 대로다. 그러면서도 충격이었다. 능글맞은 혜관도 숨이 막히는 듯 짓눌린 한숨이 가느다랗게 새어 나왔다. _《토지》 2부 4편 1장, 묘향산 북변의 묘

작가가 길상과 서희의 긴장 관계를 짐짓 덮어 두고 딴 장면으로 옮겨 다니며 능청을 떨다가, 비로소 길상과 서희의 결혼이 간접적으로 증명되는 장면이다. 작가는 서희로 하여금 길상을 '서방님'이라 호칭케 하여 길상과 서희의 결혼을 기정사실화하고 있다. 작가는 "서희는 능청을 떠는지"라고 쓰고 있지만, 실상 이것이 《토지》의 독특한 스토리 전개 방식이다. 작가의 이런 의뭉 떨기 혹은 능청스런 이야기 전개는 《토지》가 뚜렷한 어느 하나의 사건이나 인물을 중심으로 전개되지 않음에도 독자를 끌어당기는 힘을 갖게 한다.

장면 3. 해피엔딩, 사랑한다면 그들처럼

《토지》 속의 많은 인물, 얽히고설킨 그들의 관계가 낳은 러브 스토리 중 해피엔딩이 있을까? 서희와 길상의 사랑은 극적이긴 해도 쇼윈도 부부처럼 보인다. 명희와 조용하의 결혼은 외적 조건이야 남부러울 것 없지만 소유와 집착으로 파탄을 맞는다. 국경을 넘은 유인실과 오가다 지로의 사랑, 윤이병에게 이용만 당하는 금녀, 상현과 기화의 관계, 영광과 양현의 밀당……. 이미 끝을 보았거나 진행 중이지만 모두 행복해 보이지 않는다. 이 대목에서 눈에 띄는 인물이 용이다.

용이는 평사리에서 "제일 풍신 좋고 인물 좋은 사내"다. 그래도 그렇지, 조강지처 강청댁을 외면한 채 누가 봐도 마음은 월선에게 가 있고, 돌아온 임이네를 범하여 홍이를 얻는 일련의 상황은 바람기 많고 헤픈 남자처럼 보인다. 하지만 작품 어디에서도 용이는 그렇게 그려지지 않는다. 홍이는 아버지 이용을 "멋진 사내"였다고 추억한다.

뇌리를 스쳐 가는 간도 땅에서의 수많은 우국 열사들, 흠모하고 피가 끓었던 그 수많은 얼굴들, 그러나 홍이는 아비 이용이야말로 가장 멋진 사내였다고 스스럼없이 생각한다. 열사도 우국지사도 아니었던 사내, 농부에 지나지 않았던 한 사나이의 생애가 아름답다. 사랑하고, 거짓 없이 사랑하고 인간의 도리를 위하여 무섭게 견디어야 했으며 자신의 존엄성을 허물지 않았던, 그 감정과 의지의 빛깔,

홍이는 처음으로 선명하게 아비 모습을, 그 진가를 보는 것 같았다.

_ 《토지》 4부 1편 5장, 환상

홍이야 자신의 아비니까 그렇다 치더라도, 작품 속에서 인색하고 신경질적이며 다른 사람 칭찬 한번 한 적 없는 치수조차 용이에 대한 점수는 후하다.

"사람이 존엄하다는 것을 용이놈은 잘 알고 있지요. 그놈이 글을 배웠더라면 시인이 되었을 게고, 말을 타고 창을 들었으면 앞장섰을 게고, 부모 묘소에 벌초할 때마다 머리카락에까지 울음이 맺히고 여인을 보석으로 생각하는, 그렇지요, 복 많은 이 땅의 농부요."

_ 《토지》 1부 2편 5장, 풋사랑

《토지》의 독자들에게 닿을 듯 닿을 수 없는 무당 딸 월선과 용이의 사랑은 안타깝고 아련하게 느껴진다. 특히 월선이 생사를 다투고 있던 그때, 월선 곁으로 가지 않는 용이의 선택은 안타까움을 넘어 이해하기 힘들다. 홍이가 찾아와 빨리 월선에게 가지 않으면 아버지와의 연을 끊겠노라 거품을 물고, 영팔이 죽여 버리겠다고 악을 써도 용이는 산판에 남는다. 지금 당장 월선이 죽어도 이상할 것 없는 급박한 순간이다. "임종이 가까워져 온다는 사실보다 실낱같은 생명이 끊겼다 이어지곤" 하는 응급 상황이다. 용이는 왜 돌아가지 않았을까? 벌목장 나무 베는 일이 뭐가 그리 중하다고 지체하고 있는 것인가? 당장 돌아가 1분 1초라도 더 곁을 지켜 주어야 하는 것이 아닌가?

아마도 그것은 실제로 확인하는 순간 모든 것이 끝나 버릴 것 같은 불길한 예감 때문이 아니었을까? 유보함으로써 조금이라도 희망을 품기 위함이 아니었을까? 내가 돌아가기 전에는 결코 생명의 끈을 놓지 않으리란 믿음 때문이 아니었을까? 그런 것을 사람들은 인연이라고도 하고 운명이라고도 한다. 그래서였을까?

《토지》 전체에서 가장 감동적인 장면은 월선의 죽음 장면이다. 사람이 죽는 데 '감동적'이란 표현은 어불성설이지만, 이때의 '감동'은 죽음을 의미하지 않는다. 그래서는 안 되는데 그럴 수밖에 없고, 되돌리고 싶지만 되돌릴 수 없고, 받아들이기에는 너무 아프지만 받아들일 수밖에 없는, 그러면서도 구구절절 구차하지 않게 마지막을 준비하는 둘의 모습은 인간의 존엄이 무엇인지, 진정한 사랑이 무엇인지 생각하게 한다.

방으로 들어간 용이는 월선을 내려다본다. 그 모습을 월선은 눈이 부신 듯 올려다본다.

"오실 줄 알았십니다."

월선이 옆으로 다가가 앉는다.

"산판일 끝내고 왔다."

용이는 가만히 속삭이듯 말했다.

"야 그럴 줄 알았십니다."

"임자."

얼굴 가까이 얼굴을 묻는다. 그리고 뜬다. 머리칼에서부터 발끝까지 사시나무 떨듯 떨어댄다. 얼마 후 그 경련은 멎었다.

"임자."

"야."

"가만히,"

이불자락을 걷고 여자를 안아 무릎 위에 올린다. 쪽에서 가느다란 은비녀가 방바닥에 떨어진다.

"내 몸이 참제?"

"아니요."

"우리 많이 살았다."

"야."

내려다보고 올려다본다. 눈만 살아 있다. 월선의 사지는 마치 새 털같이 가볍게, 용이의 옷깃조차 잡을 힘이 없다.

"니 여한이 없제?"

"야. 없십니다."

"그라믄 됐다. 나도 여한이 없다."

머리를 쓸어주고 주먹만큼 작아진 얼굴에서 턱을 쓸어주고 그리고 조용히 자리에 눕힌다.

용이 돌아와서 이틀 밤을 지탱한 월선은 정월 초이튿날 새벽에 숨을 거두었다. _《토지》 2부 5편 8장, 사랑

평생을 사랑했지만 온전히 내 여자, 내 남자일 수 없었던 둘의 사랑은 그렇게 막을 내린다. 월선은 자기 배로 나은 자식도 아니면서 사랑하는 남자의 아이를 지극정성으로 돌본다. 이 둘의 사랑은 소유도 집착도 아니다. 남녀의 사랑이 그럴 수 있을까? 대놓고 연적戀敵 노릇을 하며 악다구니라도 한 번 썼다면 미련이 덜하지 않았을까? 어찌 한恨이 없을 수 있을까? 그렇게 오랜 시간 함께 지내게 하면서, 작가는 그럴듯한 데이트 한 번 시켜 주지 않았다. 주막과 국밥집을 운영하며 숱한 남성의 술상을 보고 밥상을 차려 냈지만, 둘만을 위한 시간은 없었다. 이제 남은 이틀은 온전히 둘만의 시간으로 채워진다. 죽음을 맞는 월선과 용이의 의식은 그렇게 조용히 치러진다. 월선의 죽음을 다루는 이 장章의 제목은 '사랑'이다.

4

진주

이동과 정주定住 혹은
제 2의 고향

남강에 있는 논개바위를,

왜장을 끌어안고 남강에 투신했다는 그 바위 위에 섰을 때

상의는 형용할 수 없는 감동을 받았으며 그 바로 위 촉석루,

또 그 바로 위, 한 단 높게 조성된 일본 신사神社를 보았을 때의 분노.

진주는 결코 꺾이지 않는 기개, 민란의 진원지요,

왜적에게 항쟁한 기골의 흔적은 역력하며

분위기로서 일본인을 압도하고 있다는 것을

상의는 피부로 예리하게 감득했다.

_《토지》 5부 2권 3편, 적赤과 흑黑

"철없는 아가씨들", 박경리의 여고 시절

'진주신사晉州神社'는 일제강점기 조선인을 황국 신민臣民으로 개조하려고 한 대표적인 세뇌 교육장이었다. 인용문은 진주 ES여고에 다니던 '상의'가 느끼는 일본 신사神社와 촉석루에 대한 감상인데, 이것은 소설 속 상의의 학창 시절과 그대로 겹치는 작가 박경리의 것이기도 하다.

1915년 1월 진주에 거주하던 일본인들은 진주성 내 촉석루 위에 신사 부지를 조성하고, 진주신사 창립을 총독부에 청원하여 1917년 10월 준공하였다. 당시 조선 총독 하세가와(長谷川)는 축사를 보내 축하했으며, 경남도지사 사사끼(左左木藤太郎)가 진주신사 숭경회를 조직하고 회장 직을 맡으며 경남도 신사로서 진주 신사의 위상을 더욱 공고히 하였다.

《토지》는 간도의 민족교육 실황을 비롯하여, 식민지 조선에서 일제가 강제한 황민화 교육에 이르기까지 식민 교육의 양상과 역사적

박경리가 '일신여자고등보통학교—新女子高等普通學校'(소설에서는 ES여고)를 다닐 때, 진주 남강에서 촉석루를 배경으로 찍은 사진이다. 뒷줄 오른쪽에서 두 번째가 박경리다. 《토지》에서 '상의'의 학창 시절은 작가가 일신여고를 다닐 때의 나이와 시대적 배경이 그대로 일치한다. 1917년 10월에 촉석루 후면 경사지 정상에는 '진주신사神社'가 건립되었고, 1928년에는 진주성 내 신사 주변을 위락 공간인 진주공원으로 조성하였다. 사진 찍고 있는 여고생들을 바라보는 빨래터 아낙들의 표정이 흥미롭다.

박경리는 평생 세 번 뺨을 맞았노라고 회고한다. 그중에 한 번이 아버지에게 맞은 것이다. 등록금을 보내 주기로 했던 아버지가 송금하지 않고, "여자가 공부하면 뭣 하나, 학교 그만두고 시집이나 가지." 하는 말에, 박경리가 "당신이 공부시켰어요? 그만두라 마라 할 수 있습니까? 그 말은 어머님밖에, 아무도 못합니다."라고 대들다가 "솥뚜껑 같은 손"에 뺨을 맞은 것이다. 그렇게 부녀간의 화해는 깨졌다. 박경리는 이후 학교 가기를 거부했고, 결국 퇴학 수속을 밟았다가 1년 후 복학한다. 당시 4년 과정의 보통학교를 5년에 이수한 셈이다. 일제강점기 박경리의 학창 시절 체험은 중편 《환상의 시기》(1966)에서도 확인할 수 있다.

맥락을 짚어 준다. 특히 진주에 실존했던 진주고보, 진주농고, 일신여고 등을 등장시켜 당시의 교육 현장과 학생들의 정신세계를 면밀하게 보여 준다.

1920~30년대 전국적으로 지속된 학생운동은 진주라고 예외일 수 없었다. 1930년 1월 진주고등보통학교와 일신여자고등보통학교, 진주제일공립보통학교 학생 900여 명이 만세시위를 벌이다 검거되었다. 진주고보와 진주여고보 학생들이 무기한 동맹휴학에 들어가기도 했으며, 진주농고 학생들은 맹휴를 계획하다가 발각되어 검거되기도 하였다.

이러한 역사적 사실은 《토지》에서 서희의 둘째 아들 윤국을 통해 재현된다. 윤국은 진주고보 재학생으로 등장하는데 가두시위에 참여했다가 진주경찰서에 투옥되는 장면이 그려진다. 이는 실제 당시의 학생운동 정황과 일치한다. 이후 진주의 학생운동은 진주고보의 비밀결사 단체인 '사회과학연구'와 진주농고의 비밀단체 결성 및 문예지 간행 등으로 이어진다. 《토지》에서 윤국이 무기정학 처분을 받은 후 항일의 방법으로 선택한 것도 비밀단체를 통한 문예지 발간과 같은 우회적인 항일운동이었다.

《토지》 5부에서 홍이의 딸 '상의'의 ES여고 시절 모습은 작가 박경리의 학창 시절을 떠올리게 한다. 작품 속에서 상의를 중심으로 펼쳐지는 여고생들의 기숙사 생활, 교실 풍경, 일본인 교사와의 대립, 신사참배, 군사훈련, 근로봉사 등의 에피소드들은 상당히 구체적이고 디테일하게 묘사된다.

하지만 태평양전쟁기로 들어서고 직접적인 시위나 저항이 쉽지 않았음을 상기하면, 당시 여학생들의 저항 형태도 태업怠業과 기구 파손, 화장실에 "해방이 오면 너희들 모가지는 추풍낙엽이다" 같은 낙서를 하는 등의 소프트한 방식으로 바뀐다. 그중에 가장 인상적인 것이 이른바 '봉안전 똥 사건'이다.

봉안전이란 일본 천황의 소위 어진영御眞影을 모셔 놓은 곳이다. ES 여학교에는 천황의 칙어勅語가 교장실 어딘가에 간수되어 있겠지만 봉안전은 없었다. 규모가 큰 학교에는 대강 있는 모양이었다. 일본 신사 비슷한 조그마한 석조건물로서 3단 정도의 기단 위에 있었는데 봉안전 앞이라면 틀림없이 그 기단 위일 것이다. 누구든 그 앞을 지나갈 때는 절을 해야 하며 절대로 접근해서는 안 되는 곳이었다. 그 봉안전 앞에다가 똥을 싸놨다면 그것은 정말 보통 일은 아니다.

말하자면 천황 얼굴에다 똥을 싼 격이며 대일본제국에 대하여 그 이상의 모욕이 어디 있겠는가. 총부리를 겨눈 것 이상이다. 학교 당국이나 경찰서가 벌벌 길 일이며 사실을 은폐하기 위하여 결사적인 것은 너무나 당연하다.

상의는 자기 자신이 범행한 것처럼 새파랗게 질려서 벌벌 떨었다. 남순자도 상의의 그런 태도를 보고 공포를 느꼈는지 얼굴이 파랗게 변했다. _ 《토지》 5부 3편 4장, 적赤과 흑黑

직접적인 타격은 아니더라도 "천황의 얼굴에다 똥을 싼 격"이니,

1944년 진주여고 졸업 기념 공연 때 연극부원들과 함께 찍은 사진. 뒷줄 맨 왼쪽이 작가 박경리다. 당시 대본을 확인할 수 없어 극의 구체적 내용은 알 수 없다. 다만, 《토지》 5부에 보면 상의가 다니던 ES여고에서 졸업생을 위한 송별회 장면이 소개된다. 상의는 연극 공연에 참여하였는데 "진주의 명물을 등장시킨" 희극이었다. 상의는 "여학생 단골인 수예점 안주인 역할을 했으나 수줍어서 연기는 별무신통"이었다. 소설에는 공연 당시 '우편배달부'를 했던 친구와 '미치광이' 역할을 했던 친구가 대단한 인기였다고 나온다.

다들 양장인데 박경리는 한복을 차려입고 있다. 소설의 내용을 대입하면 수예점 주인이었을 것이다. 앞줄 가운데 머리에 수건을 쓰고 앞치마를 두른 친구도 한복을 입고 있지만 수예점 주인처럼 보이지는 않는다. 그가 들고 있는 뜬금없는 접시는 기념품이나 상패 같은 게 아니었을까? 박경리 말고는 모두 중절모나 밀짚모자, 간호사용 캡 등 무언가를 머리에 쓰고 있는 것도 흥미롭다. 가운데 거수경례를 하고 있는 제복 차림의 친구가 우편배달부 역할이었을 것이다. 앞줄에서 경례를 붙이는 친구는 학도병처럼 보인다. 뒤로는 중절모와 안경을 쓰고 손에 무언가를 든 인텔리처럼 분장한 친구, 밀짚모자를 쓰고 지금의 점프슈트 같은 복장을 한 이도 보인다. 허드레꾼이나 노동자 역할을 맡았을 것이다. 미치광이는 박경리 바로 옆의 초점 잃은 눈동자이거나, 뒷줄 오른쪽에서 세 번째 카메라를 의식하지 않고 혼자 먼 산을 바라보고 있는 친구였을 것이다. 그나저나 맨 오른쪽 간호사로 분장한 친구는 왜 맨발로 서 있을까?

그야말로 일제에 대한 모욕이며 '절대악에 대한 조롱'이었다. 작품 속에서 '봉안전 똥 사건'은 입에서 입으로 전해지지만 결국 범인은 잡히지 않는다. 진주를 배경으로 한 황민화 교육과 민족말살정책, 그리고 거기에 대응하는 여학생들에 대한 서술은 단순히 항일과 친일의 이분법으로 갈라서 재단할 수 없는 내밀한 영역에까지 이른다.

대개 지방의 부호 지주들이거나 먹고 살 만한 집안의 딸들이어서 낭비벽이 심한 아이들도 더러 있었고 대체로 소비성향이 만만치 않은 것이 사생들이었다. 일요일이라는 정해진 날에만 물품을 구입하는 점에서 그랬겠지만 그들이 외출하는 날에는 싹쓸이가 되는 상점도 있었다. 심지어 단추까지. 그것도 평생을 두고 쓸 만큼 사재기를 하는데 개중에는 시골 친척들 부탁을 받은 경우도 있었겠지만 소위 결혼준비가 주목적이었다. 물자가 귀해지면서 그런 경향은 한층 심해졌다. 어디 무엇이 있더라는 소문만 나면 한꺼번에 사생들은 몰려갔고 특히 백화점 상점이 있는 일요일의 거리는 끊임없이 사생들이 지나가곤 했다. 노상에서 친한 사이의 사생들이 만나면 으레 뭘 샀느냐, 어디 어디에 무엇이 있더라, 하며 정보교환은 물론 손을 맞잡고 흔들면서 공연히 킬킬거리고 웃기도 했다. 세상이 어떻게 돌아가든, 훨씬 많은, 아니 그 정도겠는가, 대부분 가난한 소녀들이 헐벗고 굶주리는 것도 모르며, 시국으로 인하여 근심 걱정이 가정마다 없는 것도 아니었는데 철없는 아가씨들은 고된 교련이나 근로봉사, 방공연습, 군수품 가공작업, 기타 수많은 규율에서 놓여나는 순간부터 싱그러운 꽃이 된다. 선택되었다는 자부심, 웬만한 일은 다 통한다는 어리광, 사실 그런 것을 사회는 받아주기도 했다. 상점에서도 그들은 고객이며 환영받는 존재다. 기본적인 반일 감정은 있었겠지만 젊음의 아름다움, 빈곤을 모르는 계층, 그들은 세상이 자신들을 위해 있다는 것으로 착각했고 조선 민족의 1프로에 해당하는 특혜적 존재가 민족에게 그 얼마나 큰 빚을 지고 있는가를 이들은 아직 모른다. 철없는 아가씨들. _《토지》 5부 5편 1장, 대결

당시 ES여고 기숙사생들의 신분과 소비 형태, 정신세계를 보여 주는 대목이다. 1940년대 진주여고는 일본인 학생과 조선인 학생들이 함께 다니던 학교였다. 비교적 생활에 여유가 있는 집안의 학생들로, 상위 1퍼센트에 드는 특권층이나 다름없었다. 사회도 그들의 어리광을 받아 준다. 작가는 그들을 비난하거나 탓하기보다는 아직 세상을 모르는 미성숙한 사춘기 소녀로, "철없는 아가씨들"로 묘사한다. 이러한 서술은 단순히 일제 치하에서 사람들을 반일과 친일의 양극단으로 나누고, 그 사이의 다양한 스펙트럼을 지워 버리는 방식보다 훨씬 리얼리티에 근접한다. 마땅히 모두 그러해야 한다는 생각은 사실 판타지이거나 폭력이다. 특히 진주를 중심으로 한 여학교와 여학생에 관련된 서술은 작가의 개인적인 체험에서 비롯된 증언과 객관적 거리를 유지한 세밀한 관찰의 결과라 할 수 있을 것이다.

서희가 진주로 간
까닭은?

간도로 갔던 서희의 금의환향은 의외로 고향 평사리가 아니라 진주였다. 서희에게 평사리의 집과 땅을 되찾는 것과 가문의 존속은 삶을 지탱시킨 뚜렷한 목표이자 존재의 이유였다. 낯선 이국땅에서 친일을 마다하지 않으며 돈을 모으고 가용 인력을 총동원하여 어렵사리 조준구로부터 되찾은 것이다. 그렇다면 꽃가마 타고 나팔 불며 보란 듯이 입성하는 것이 순서일 것이다. 그러나 "예상을 뒤엎고 최서희는 평사리에 나타나지 않았다. 단 한 번도 나타나질 않았다." 서희는 용이에게 최참판가의 관리를 맡기고 자신은 진주에 자리를 잡는다. 서희가 평사리로 가지않은 이유는 무엇때문이었을까?

첫째, 16년 동안 나고 자란 그 집에 대한 서희의 기억은 결코 행복한 것이 아니었다. 행복하기는커녕 고독하고 비참한 기억뿐이었다. 다섯 살 때 생이별한 모친의 얼굴은 기억 속에조차 희미하다. 발작적인 기침 소리가 지금도 귀에 생생한 부친 최치수는 딸에게 애정을 보인 적이 없었다. 서희가 평사리 집에서 보낸 시간 중 행복했던 기억은 없다. 오히려 지워지지 않는 생채기와 아픈 상처들만 떠오를 뿐이다. 이제 온전히 나의 것으로 되찾았으니 서두를 필요가 없다. 언제든 돌아갈 수 있다. 굳이 그곳에서 비참한 기억들을 떠올리며 지낼 이유가 없는 것이다.

둘째, 그래도 평사리 집과 관계된 모든 기억이 최악은 아니었다.

순전히 할머니 윤씨 부인 덕분이었다. 엄격하기는 했어도 서희에게 사랑의 손길을 보내 준 유일한 사람이었다. 그런데 할머니가 어미를 앗아 간 사내 구천의 생모라니, 해란강에서 남편 길상이가 들려준 윤씨의 비밀은, 서희를 "하나님 맙소사! 아아, 하나님 맙소사!" 절규케 하였다. 서희는 최참판댁 가문의 처참한 말로는 세 명의 여자 탓이라고 여겼다. 윤씨는 불의의 자식을 낳았고, 별당아씨는 시동생과 간통하여 달아났으며, 서희 자신은 하인과 혼인하여 두 아들을 낳았다. 고독한 승리를 안고 오로지 목표였던 가문의 존속, 영광을 위해 돌아왔지만, 막상 돌아와 보니 서희에게는 사당 문을 열고 조상에게 고할 말이 없었다. 성씨조차 알 길 없는 사내 김길상은 이곳 민적民籍에는 최길상으로 기재되었고, 서희는 최씨가 아닌 김서희로 되어 있다! 이 기막힌 사연을 조상에게 무슨 낯으로 고하랴. 이미 벌어진 일이고 계획된 일이었지만, 그럼에도 서희에게는 아직 자신부터 납득할 시간이 필요했던 것이다.

셋째, "유아적幼兒的인 원망과 슬픔" 때문이다. 서희는 준구로부터 재산을 되찾고 길상과의 결혼을 통해 가문의 대를 이었다. 어린 서희가 여기까지 달성한 것만도 대단한 일이다. 서희 스스로도 "지금까지 받은 수모와 상처, 아, 나는 지치고 피곤하고 더 이상은 부대끼며 살고 싶지가 않소. 그 부끄럽고 끔찍스럽고 저주스런 일을 지우고 싶소! 지워주시오! 지워주시오!" 철부지처럼 울고 싶은 심정으로 평사리를 외면했다. 서희가 기억하는 수모와 상처, 끔찍스럽고 저주스런 일이란 다음의 두 가지 일을 가리킨다. 하나는 상현이 용정촌을 떠나기 전에 남긴 말이며, 다른 하나는 꼽추 도령 병수와의 혼인을 강요당했던 10여 년 전의 일이다.

길상과의 결혼을 통보하던 날, 상현은 서희의 얼굴에 술을 끼얹었다. 상현은, "필경엔 종놈 계집이 될 최서희! 그 어미에 그 딸이로구려!" 독기를 뿜듯 내뱉고 떠났다. 그게 마지막이었다. 따지고 보면 상현의 말이 틀린 것은 아니다. 평사리에서는 여전히 그러한 시선으로 서희를 바라볼 것이다. 그것은 서희에게 사랑의 상처이기도 했다. 상현에 대한 서희의 감정은 사실 복잡다단했다. 상현이 조금만 용기를 냈더라면 결과가 달라졌을지도 모른다.

나는 그대를 그리워하고 그대도 나를 사랑하고 있다. 우리가 혼인을 못 하는 이유는 그대에게 있고 내게 있는 게 아니다. 하니 그 보상은 그대가 치러야 하지 않겠는가? 어찌 나와 같이 겨루려 하는가? 서희의 생각은 바로 그것이었다. 굳게 지키는 성城이라 하여 어찌 창을 들고 한번 휘둘러보려 하지도 않느냐? 휘둘러보지 못하고 멀찌감치 서서 아리숭한 태도만 취하는 상현이 노여운 것이다. 휘두르고 달려드는 창을 서희는 분질러버림으로써 애정을 확인하고 상대에게 상처를 남겨놓고 끝장을 내고 싶은 것이다. 서희는 그러한 자신의 욕망을 깊은 애정으로 믿고 있었다. _《토지》 2부 1편 13장, 법회

서희를 두고 그칠 줄 모르게 꿈을 꾸어온 자기 자신, 가망이 없기 때문에 밤마다 공상으로 지새워야 하는, 때론 서희를 이끌고 바람

부는 벌판을 헤매기도 하고, 때론 대안對岸이 아득한 빙하를 건너기도 하고 상해 같은 곳에 깊숙이 묻혀 서희와 함께 난롯불 앞에서 한 겨울을 보내기도 하고 부모와 처, 동생과 영원히 이별할 결심을 해 보기도 하고 남아로서의 포부를 헌신짝처럼 버려보기도 하고…… 그것은 스스로 위로받기 위한 공상이 아니고 무엇이던가.

_《토지》 2부 1편 14장, 지난 얘기

첫 번째 인용은 서희의 것이다. 서희는 상현을 그리워한다. 그럼에도 상현과 맺어질 수 없는 이유를 본인이 아니라 상현에게서 찾는다. 두 번째 인용은 상현의 것이다. 찌질함이 용기 있는 자를 이길 수 없다. 우유부단과 냉소는 사랑과 어울리지 않는다. 표현하지 않는 사랑은 사랑이 아니다.

다른 하나, 서희에게 병수와 얽힌 사연은 전율 그 자체였다. 가엾은 불구자 병수의 뜻도 아니고 그의 잘못도 아니었는데, 병수가 싫었다. 너무 싫었기 때문에 무서웠다. "반드시 너의 신랑이 되어야 할 병수"라는 홍씨의 말이 병수의 존재를 악몽으로 만들었다. 길상이 느낀 "병수 내부에 숨은 청랑淸朗한 오성悟性", 그보다 더한 천성이라 해도 서희에게는 의미가 없다. 참작의 여지도 없다. 그것은 상상이 몰고 온 공포 본능이기도 하다. 괴물에게 제물로 바쳐지는 처녀의 참상은 과거와 현재, 상상과 현실을 초월한 서희의 환상이다. 어쩌면 그것은 인간적으로 적요寂寥한 환경에서 방어본능만 드센 탓이었는지 모른다. 귀국한 후 가끔 병수라는 존재에 실 끝이 닿을 때 서희는 두 아이의 어미가 아닌 어린 날 계집아이로 환원되어 걸러 내어도 걸러 내어도 남는 더러운 찌꺼기 같은 악몽에 시달린다. 어릴 때의 이 트라우마는 아직 치유되지 못했다. 평사리로 돌아가기까지는 아직 시간이 더 필요했다.

근대적 모빌리티의 공간

《토지》1부의 마지막에서 서희를 비롯하여 길상이, 용이, 영팔이, 김훈장, 상현 등은 부산에서 배를 타고 간도로 이주한다. 평사리는 이제 조준구의 세상이다. 함께 가지 못한 평사리 사람들은 진주에 자리를 잡는다. 송관수는 진주에서 백정의 사위가 된다. '백정의 사위'란 타이틀은 관수를 신분 차별에 눈 뜨게 하고 진주를 중심으로 전개된 형평사 운동에 적극 참여하게 한다.

진주에 남은 또 한 명의 주요 인물이 봉순이다. 봉순이는 서희가 안전하게 조준구로부터 벗어날 수 있도록 미끼 역할을 담당하였다가 결국 본대와 합류하지 못하고 남는다. 좋은 목청과 미모, 소리에 대한 타고난 끼를 지닌 봉순은 소리를 배우고 광대를 따라다니다 기생 '기화'가 된다. 조준구에게 억울하게 죽음을 당한 정한조의 아들 정석은 진주 시은학교의 교사가 되며, 김이평과 그의 아들 두만은 진주에 자리를 잡고 노비의 후예에서 신흥 자본가로 신분 세탁을 꾀한다.

《토지》에서 진주는 아름답고 유서 깊은 고장이자 저항의 기운이 살아 있는 공간으로 묘사된다. 사회주의의 온상 같은 '형평사 운동'의 시발점이자 민란의 진원지이면서, 다른 한편으로 "근왕사상勤王思想은 확고하고 상중하의 계급의식"은 투철한 보수와 저항의 대립이 첨예한 공간이다. 박경리는 인물들 간의 대화를 통해서 "극과 극이 공존해 있는 본보기 같은 도시"이며, "이 나라의 축도縮圖"라고 의미를 부여한다. 그러면서 평사리에서 나와 진주에서 형평사 운동에 투신하는 관수를 가리켜 옹달샘에서 빠져나온 '선견지명'이 있었다고 말하기도 한다. 전체적인 규모나 지리적인 위치에서도 평사리와 진주는 비교가 되지 않는다. 만약에 서희가 귀국하여 평사리에 자리를 잡았다면, 《토지》의 서사는 훨씬 왜소해졌을 것이다.

일제강점기 진주는 신시가지 결장형 도로망을 갖춘 도시였다. 1900년대에 자동차가 보급되면서 진주를 중심으로 하여 삼천포(1909), 마산(1910), 하동(1914), 거창(1915), 합천(1918) 간 도로가 차례로 개통되었다. 서부 경남 육상교통의 중심지인 진주는 용이의 아들 홍이와 접속함으로써 더 의미를 확장한다. 홍이의 직업은 운전기사다. 부산에서 운전을 배우고 일본에 가서 정비 기술을 배운 것으로 그려진다. 박경리는 홍이가 잠깐 부산에 머물 때도 그를 부둣가의 '큰 자전거포'에 기식하게 한다. 시간이 지나면서 홍이는 혼자 자전거 수리를 할 수 있는 수준이 된다. 의도적으로 홍이에게는 일관되게 모빌리티 캐릭터를 부여하는 것이다. 일본에서 귀국한 홍이

"진주 일인日人 원로 권총 자살"(《동아일보》, 1926년 10월 18일)

1926년 10월 15일, 그동안 줄기차게 도청 이전을 반대하던 일본인 석정고효(石井高曉)가 도청 이전을 막지 못했다는 이유로 진주신사에서 신사참배를 한 후 "시민 일반에게 유서까지 써놓고" 권총 자살을 했다는 기사이다. 당시 진주 시민들은 이를 슬퍼해 죽은 일본인의 추모비를 신사 앞에 세웠다고 한다. 8·15 해방이 되고 '진주신사'는 어떤 일제 잔재보다 가장 먼저 부서졌으며, 신사 앞에 있던 석정고효의 추모비도 이때 함께 부서졌다.

오른쪽 상단 기사는 경성주재 모국某國의 영사가 간도 용정龍井교회에 비밀리에 부탁하여 간도의 일중日中 관청의 내정을 비밀리에 조사하였다는 기사이다.

왼쪽 상단의 기사는 군정서軍政署 창립 후 민족운동을 활발히 하던 길림吉林 간민회장 구영필 씨가 간도 이주 동포를 지도하던 중 길에서 흉한에게 복부를 찔려 사망했다는 기사이다. 신문은 최후의 순간을 "굳은 혀로 말은 못하고 팔을 들어 곁에 있던 동지들에게 민족을 위하여 진력하라는 뜻을 보이고 마침내 최후의 길을 떠났다."고 상세히 해설했다. 자세한 내막은 모르겠으되, 신문사가 독자에게 전달하려는 메시지는 분명해 보인다. 이처럼 당시의 일간지들은 당대 식민지 조선의 상황뿐 아니라 용정, 길림 등 간도 지방의 사건 사고까지 적극적으로 기사화하였다.

는 진주에 자리를 잡고 화물회사에 취업한다. 당시에 운전 기술을 가진 자는 드물었고, 게다가 유학파였다. 모두 '홍이가 직업을 잘 잡았다'고 부러워한다. 조수 마천일도 홍이의 '금실 든 문장의 운전모'를 부러워하며 자신의 미래를 꿈꾼다. 이후 홍이는 만주로 건너가 자동차 공장을 차리는 데까지 나아간다.

천년의 고도古都 진주는 경남의 중심이라는 지리적 이점으로 1896년 경남의 도청 소재지가 되었다. 각종 행정기관이 들어서고 경찰서가 들어서고 인구가 불어나니 자연히 상권이 형성되고 돈이 모였다. 하지만 일제가 식민지 침략의 거점으로 부산을 개발하면서 교역의 중심지 자리도 내주고 그만큼 진주의 위상은 축소될 수밖에 없었다. 1905년 경부선 개통도 부산의 발전과 진주의 소외를 촉진시켰다.

1925년 6월에는 도로뿐 아니라 진주~마산 간 철도가 개통되어 서부 경남의 중심지인 진주의 교통망이 사방으로 확산된다. 하지만 이 즈음 진주는 부산으로의 도청 이전 방침으로 반대 시위가 들끓고 '전장戰場'과 같은 홍역을 겪는다. 수천 명의 진주 시민들이 시위에 참여하였고, 상인들은 개점을 거부하고 철시하기에 이른다. 시위는 1924년 여름에 시작하여 그해 말까지 이어졌다. 그러나 일제는 1925년 도청을 부산으로 이주한다. 당시의 상황은 홍이의 조수 천일의 말을 통해 제시된다.

"바까노 마산, 신다 신슈, 시센니 다쯔 시센, 고맛다 고죠, 도우스

루까 도오에이, 후애루 후잔,"

아까부터 천일이는 왜말을 흥얼거리고 있었다. 번역을 하자면 바보의 마산馬山, 죽은 진주晋州, 사선에 선 사천泗川, 딱하다 고성固城, 어떡하나 통영統營, 불어나는 부산釜山, 그런 뜻인데 왜말로는 지명의 첫 음과 형용사의 첫 음이 같고, 마산만은 첫글자가 다르다. 4년 전의 일이다. 경남의 도청을 진주에서 부산으로 옮겨가는, 진주로서는 사활에 관한 큰 사건이 있었다. 진주뿐만 아니라 종전까지 진주의 영향권 속에 있었던 마산, 사천, 고성, 통영조차 큰 변동을 예상하지 않을 수 없는 사건이었던 것이다. 그 무렵《부산일보》에 게재되었던 일종의 풍자 비슷한 글귀가 지금 천일이 흥얼거린 왜말이다. 그 기사 때문에 진주서는《부산일보》불매운동을 벌이기도 했던 것이다. 도청이라면 물론 행정구역의 행정을 담당하는 청사요, 이미청사의 임자는 일본, 제반 행정을 일본인이 장악하고 있지만, 그러나 영남에서 가장 유서 깊었던 고도古都로서 긍지 높았던 진주사람들에게는 도청을 부산에 빼앗긴다는 것은 날벼락이었던 것이다. 임진왜란 때 빛나던 항쟁 정신과 민란의 진원지였던 만큼 확실히 이곳사람들은 다혈질이었으며, 지난날 일본에 의해 영문營門이 깨어지고 주권을 잃었을 적에 진노하고 비통해 하던 그 격렬한 감정을 되씹은 것은 당연한 일인지 모른다. 뿐만 아니라 경제적으로나 여러 가지측면에서 거세되고 낙후될 현실적 문제도 충격이 아닐 수 없었을 것이다. _《토지》3부 4편 3장, 내 땅에서 진주 도청 이전 반대 시위는 도청 이전이 결정된 전후로 시위의 성격과 참여자의 구성이 변화한다. 도청 이전 결정 이전에는 지역의 이익을 유지하려는 친일 관변 세력과 일본인 유력자 집단이 주로 시위를 주도하였다. 하지만 도청 이전이 결정된 후에는 진주 지역 사회운동 단체들의 참여로 식민통치 반대운동으로 성격이 바뀐 것이다. 지역의 이권 지키기와 식민통치 반대라는 이질적인 성격이 혼재되어 있던 도청 이전 반대운동은 이시이 다카아케[石井高曉]라는 일본인의 자살이라는 실재 역사적 사건을 삽입함으로써 구체화된다. 작품 속에서는 도청 이전을 반대하며 '왜놈 하나가 배 가르고 죽었다'라고 제시되는데, 박경리는 그를 '아름다운 고도를 사랑했다는 사내'라고 적는다. 남의 나라 땅임에도 불구하고 사랑할 만큼 진주가 아름답고 매력적인 도시였음을 강조하려 한 것이다. 하지만 실상 이 일본인은 관청을 끼고 남강 치수사업을 하다가 도청 이전으로 일이 틀어져 자살했다는 해석이 역사적 사실에 더 부합한다.

  박경리는 19세기 말에서 20세기 전반에 이르기까지 진주라는 공간을 애정 어린 시각으로 형상화한다. 진주는 보수와 진보, 친일과 반일의 세력이 대립하는 공간이며, 작가의 체험을 바탕으로 한 식민지 교육의 현장을 생생하게 보여 주는 공간이다. 평사리에서 간도로 이동했던 서사는 다시 진주를 중심으로 인물들의 관계망이 엮이고, 사회역사적인 접촉면도 확장된다.

삶과 죽음,
재생의 뱃길

조촐하고 청정하고 마치 내 집 안마당같이 아늑해 보이는 바다,

점점이 떠 있는 섬들은 모두 이 강산에 태어난 사람들의 땅이요,

바다는 내 조국 내 민족의 보금자리며 요람이며 삶의 터전 아닌가.

어느 누구에게도 양보할 수 없는 귀하고 소중한 민족의 생명이다.

명경 같은 바다 위에 꿈과도 같이 전개되는 섬,

가고 오고 겹쳐서 나타나고 연이어져 나타나는 각양각색의 섬,

한결같이 섬에는 푸른 소나무들이 우뚝우뚝 서 있었다.

_《토지》 5부 2편 4장, 명정리 동백

나의 살던
고향은

분량만 따지면, 통영은《토지》전체 서사에서 그다지 비중이 크지 않다. 하지만 4부와 5부로 가면 조병수, 김휘, 몽치, 한복의 아들 영호 등 다음 세대들이 새로운 삶의 터전으로 통영에 자리를 잡는다. 새로운 세대에게 평사리의 무대는 너무 좁다.

통영은 작가의 고향이다. 통영은《토지》외에도 박경리의 작품에 자주 등장하는 공간적 배경이다.《김약국의 딸들》(1962)과《파시》(1964)가 대표적이다.《김약국의 딸들》은 19세기 말에서 1930년대까지의 통영을 배경으로 하고 있으며,《파시》는 6·25전쟁을 배경으로 피난지인 통영과 부산을 배경으로 삼고 있다. 여기에서 통영은 낭만성과 현실성, 전근대적 사고방식과 근대적 자본 논리가 중첩되어 작동하는 곳으로 그려진다.

1966년에 발표된《환상의 시기》는 감수성이 예민한 문학소녀가 주인공인 성장소설이다. 박경리의 진주여고 학창 시절 자전적 경험

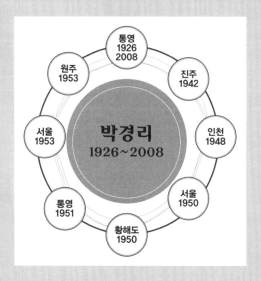

통영
1926
2008

원주
1953

진주
1942

서울
1953

박경리
1926~2008

인천
1948

통영
1951

서울
1950

황해도
1950

82세를 일기로 생을 마감한 박경리의 '인생 동선動線'이다. 박경리는 '통영'이 고향인 '원주 사람'이다. 《원주통신》이란 에세이집을 발표할 만큼 원주에 대한 애착도 깊었다. 사실 통영이 고향이라고는 해도, 통영에서 지낸 생활은 유년과 피난 시절, 데뷔 전 몇 해를 더해 20년 남짓이다. 고등학교는 진주의 기숙사에서 생활하였다. 서울 돈암동 시절에 문단에 데뷔했고, 이후 정릉으로 이사했다. 1980년 원주시 단구동(現 박경리 문학공원)으로 이사하여, 1994년 8월 15일 이곳에서 《토지》를 탈고하였다. 아파트 단지가 들어서며 토지 수용과 강제 이주 위기에 처하기도 했지만, 작가들의 연대 서명과 한국토지공사와의 극적인 타결로 현재의 문학공원이 조성될 수 있었다. 1999년 매지리에 '토지문화관'이 개관한 후에는 문화관 옆 사택으로 이주한 후, 농사짓고 글도 쓰며 후배 작가들을 챙겼다. '《토지》의 작가 박경리'는 한곳에 깊숙이 뿌리를 내리고 오래 살았을 듯하지만, 남쪽 끝 바닷가에서 강원도 산골에 이르기까지 길고도 사연 많은 동선을 가지고 있다.

이 녹아 있다. 작가도 자신의 작품 중 "특별히 애착이 가는 작품"으로 《환상의 시기》를 꼽았다. 이 작품의 공간이 명확히 '통영'으로 지시되지는 않지만 '바닷가 항구', '비옥한 지방 고도古都' 등의 표현으로 미루어 볼 때 통영을 배경으로 하고 있음을 알 수 있다.

《토지》는 하동 평사리에서 출발하여 진주, 부산, 마산, 통영, 식민지 경성, 일본, 간도와 연해주까지 공간을 점차 확장해 나간다. 그러나 박경리는 《토지》를 쓰는 동안 작품의 배경이 되는 평사리조차 한 번도 가 보지 않았음을 고백한다. 다른 공간이야 말할 것도 없다. 박경리 작품에 등장하는 모든 공간 묘사와 서술은 자료와 지도, 작가의 어릴 적 체험과 상상력의 산물이다. 1969년에 시작한 《토지》가 완성되기까지는 햇수로 25년이 걸렸지만, 실제 연재했던 집필 기간만 헤아리면 17년 남짓의 세월이다. 8년여의 시간이 빈다. 연재 중에 절필絶筆을 선언하기도 하고, 건강상의 이유, 게재지의 사정 등으로 잠시 집필을 멈추기도 했다. 이 기간에도 박경리는 "외부로부터 나 자신을 차단"하고 고립과 단절의 시간을 자양분 삼아 스스로 충전한 후 다시 출발한다.

또 다른 대하소설의 작가 조정래는 《태백산맥》(1989)을 쓰기 위해 4년여 동안 취재와 답사를 다닌 것으로 알려져 있다. 중국을 여덟 번이나 다녀왔다는 조정래는, 《정글만리》(2013)를 쓰기 위해 우리 기업이 진출한 도시를 찾아 중국 전역을 다시 답사했다. 이러한 성실한 발품과 꼼꼼한 취재는 작품의 밀도와 직결된다. 실제 전남 보성의 '태백산맥 문학관'에 가면 작가가 답사 때 신고 다닌 등산화와 지팡이, 물통까지 전시되어 있다. 두 작가 모두 우리나라를 대표하는 대하역사소설의 작가이지만 이처럼 글을 쓰는 스타일은 전혀 딴판이다. 어쩌면 '발품' 조정래의 입장에서 볼 때 '집콕' 박경리의 스타일은 이해하기 힘들지도 모른다. 중국 한 번 다녀오지 않은 채 간도 이야기를, 연해주 이야기를 그럴싸하게 풀어놓다니, 억울하지는 않더라도 조금 밑지는 느낌이 들지 않을까.

실제로《토지》를 읽다 보면 풍경이나 풍물, 풍속 묘사 등 세부 묘사 차원에서 체험의 공간과 상상의 공간은 분명 차이가 난다. 박경리에게 익숙한 서부 경남, 하동과 진주, 특히 자신이 나고 자란 통영에 대한 묘사는 단연 압권이다.

초하루부터 열아흐레까지 어항인 통영統營은 어느 지방보다 풍신제風神祭가 성행하는 곳이다. 고사는 상청님이 내려온다는 초하루, 상청님이 올라가고 중청님이 내려온다는 아흐레, 중청님이 올라가고 하청님이 내려온다는 열나흘, 그 어느 날이든 한번 택하여 지내는 것이지만, 또 각기 고삿날이 일정하지 않기 때문에 약 이십오 일간은 이 집에서 저 집으로, 저 집에서 이 집으로 계속하여 시루떡, 쑥떡, 좁쌀떡, 반달떡, 고사떡이 오가는 분주하고 흥거운 달이기도 하다. 그리고 물대 바가지에 갈아 부을 정화수를 길으려고 밤새도록 명정골은 각시와 처녀들이 길을 메우고, 달이 밝은 열나흘, 하청님이 내려오는 그 밤은 통영 바닥의 각시 처녀들이 다 명정골로 모여든다 하여도 과언은 아니다. 어떤 가뭄에도 물이 마르지 않는 명정골의 우물, 통영사람들의 식수를 대면서도 마르지 않는 우물은 옛날 충무공이 왜적을 무찌르기 위해 이곳 갯마을에 진을 쳤을 때 팠다는 전설이 있거니와 가히 동네 이름과 같이 명정明井인 것이다. 또 밝은 이월 열나흘의 밤, 농 밑에서 제일 좋은 옷을 꺼내 입고 단장도 어여쁘게, 비단 끈을 물린 새 뙈리와 물동이를 들고 명정골 우물가 명정골 동백나무 밑에 모여들어 밤을 지새우며 끼리끼리 만나서 노니는 젊은 여자들, 간혹 비녀를 빼가고 옷고름에 찬 가락지를 끊어가고 그런 일이 없는 것은 아니지만, 그러나 바람할만네는 변덕쟁이요, 심술쟁이요, 비위를 거슬러놓으면 바다에서 재앙이 온다. 고삿날엔 기忌하는 것이 많고 정화수를 길으러 올 때는 상제보고 말을 해도 안 되고 인사도 아니한다. 그럼에도 이월은 봄날인가 싶었는데 밤사이 물대 위의 바가지가 얼어 터지곤 하는 것이다. _《토지》3부 2편 16장, 혼례

단지 풍속과 풍물뿐 아니라 그곳 사람들의 멘탈리티와 루틴까지 생생하다. 인용에서처럼 '제일 좋은 옷을 꺼내 입고 예쁘게 단장하고, 명정골 우물가 동백나무 밑에 모여 밤을 지새우며 노니는 젊은 여자들'이 아마도 박경리의 모습이었을 것이다. 하지만 간도, 용정, 연추, 훈춘, 하얼빈 등 상상의 공간으로 이동하면 디테일은 표나게 줄어든다. 평사리를 중심으로 펼쳐지던 1부와 달리, 2부로 가면 인물 간의 이동이 훨씬 잦다. 길상은 용정에서 인근 지역으로 잦은 외유와 출장을 다니고, 혜관과 기화는 기차를 타고 개성, 평양, 묘향산을 거쳐 원산에서 배를 타고 간도로 간다.

하지만 긴 여정도 아랫동네를 묘사할 때의 현란한 수사나 디테일과는 접근이 다르다. 불친절한 가이드처럼 지나가는 여로만 콕콕 집어 줄 뿐이다. 예컨대 혜관과 기화의 간도행 여로도 풍경과 풍속에 대한 묘사보다는 기화를 흘깃거리는 기차 속 승객과 헌병의 음흉한 눈빛을 지적하는 것으로 대체된다. 외부 풍경에 대한 묘사는 "기화는 나타났다가 사라지는 낯선 산천을 골똘히 바라보고 있었다"가 전부이다. 사실 "낯선" 것은 기화가 아니라 작가였던 것이다. "기차는 어느덧 개성으로 들어가고 있었다"로 여정에 대한 설명은 서둘러 마무리된다.

통영은 박경리의 고향이다. 예전 행정구역상으로는 충무 명정리, '뚝지먼당'이라고도 불렀다. '뚝지먼당'이란 현지인들이 부르는 지명으로 정식 지명은 아니다. '뚝지'란 삼도의 수군통제 중 으뜸이 되는 원수元帥의 깃발을 모신 사당을 가리키는 '뚝사'를 말하며, '먼당'이란 고개라는 뜻이다. 일제강점기에 배수지가 들어서면서 뚝사가 없어졌다고 한다. 그가 태어난 곳의 현재 주소는 '통영시 문화동 328의 1번지'다. 서문고개 골목 입구에 《김약국의 딸들》 표지석이 있고, 표지석을 따라 두 사람이 나란히 걷기에도 힘든 좁은 골목을 따라 들어가면 붉은 벽돌담 집이 나온다.

골목을 빠져나오면 서피랑 마을로 이어진다. '서피랑'은 깎아지른 듯한 벼랑이나 절벽이 서쪽에 있다 하여 붙여진 이름이다. 벽에는 박경리의 소설과 에세이에서 뽑은 문구들이 새겨져 있다. 벤치에도 작가의 글이 새겨 있어 쉬면서 음미해 볼 수 있다. '박경리 문학길'을

통영시 서문고개 박경리 생가 입구의 표지석. 《김약국의 딸들》의 육필 원고가 복원되어
있다. 표지석이 안내하는 좁은 골목으로 들어가면 박경리 생가가 나온다. 오토바이 한 대
가 간신히 지나갈 수 있는 좁은 골목이다.
박경리 선생 태어난 집. 현재는 내부를 관람할 수 없다. 관람객들이 하도 문을 두드려 통
영시에서 아예 '여기가 맞지만 공개는 불가'임을 알리는 안내문을 달아 놓았다.

따라 걸으면 서포루까지 연결된다. 서포루에서 바라보는 통영 바다
와 서피랑 마을의 모습은 '항공샷' 못지않다. 누각과 성곽은 일제가
훼철毁撤했던 것을 다시 복원한 것이다. 이곳이 작가가 유년 시절을
보낸 곳이고, 《김약국의 딸들》의 배경이 되는 공간이다. 사실 '통영'
이 박경리의 고향이기는 하지만 82세의 일기로 생을 마감한 작가의
인생에서 통영에서 보낸 시간은 20년 남짓에 불과하다.

박경리는 고등학교 시절 진주에서 학창 생활을 했고, 결혼 후에는 인천과 서울에서 생활한다. 전쟁통에 남편을 잃고 잠시 귀향했다가 전쟁이 끝나고 나서는 다시 서울로 간다. 이후 작가의 마지막 28년은 원주에서의 시간으로 채워진다. 2008년, 돌고 돌아 박경리는 다시 고향으로 돌아와 "조촐하고 청정하고 마치 내 집 안마당같이 아늑한" 통영 바다가 내다보이는 미륵산 기슭에서 영원한 안식을 취한다.

화물차 기사가 된
농부의 아들

소설 《토지》는 KBS와 SBS에서 총 세 차례 드라마로 제작되어 인기를 끌었다. 첫 번째 드라마는 1979년 11월부터 1980년 12월 29일까지 총 60회로 방영되었다. 3부까지의 내용을 다루었는데, 흑백텔레비전 시대에 제작 방영되어 지금은 그 영상을 찾아보기 힘들다. 두 번째 드라마는 1987년 10월 24일부터 1989년 8월 6일까지 총 103회로 방영되었으며, 제4부까지 컬러 영상으로 제작되어 상당한 인기를 모았다. 당시 서희 역을 맡았던 탤런트 최수지가 작가가 떠올렸던 '서희'의 이미지와 많이 닮았다 하여 화제가 되기도 하였다. 5부까지 전체 스토리를 드라마로 제작 방영한 것은 SBS로, 2004년 11월 26일부터 2005년 5월 22일까지 총 52회 방영되었다. SBS 드라마

버리고 갈 것만 남아서 참 홀가분하다

(왼쪽) 박경리 추모공원과 묘소 가는 길. 2008년 박경리는 고향으로 돌아온다. 매년 이곳에선 작가의 기일忌日인 5월 5일 추모행사가 열린다. 추모공원 아래에는 박경리 기념관과 작가 동상이 관람객을 맞는다. (출처: 통영시 홈페이지)

(오른쪽) 통영 '박경리 기념관' 앞 정원에 세워진 박경리 동상. 동상의 좌대에는 시 〈옛날의 그 집〉의 일절인 "버리고 갈 것만 남아서 참 홀가분하다"라는 시구가 새겨져 있다. 같은 모양의 동상을 하동 '박경리문학관'과 원주 '토지문화관'에서도 만날 수 있다. 원주 '토지문화관'은 작가들의 집필실이 있는 공간이다. 작가들이 숙식을 무료로 제공 받으며 집필에만 몰두할 수 있다. 꼭 소설가나 시인이 아니어도 영화감독이나 작곡가, 화가, 만화가 등 창작을 하는 사람이면 누구나 신청할 수 있다. '아침이슬'을 부른 가수이자 작곡가 김민기가 이 집필실의 초창기 멤버였다. 만화 《토지》를 그린 오세영 화백도 《토지》 1부를 그릴 때 이곳 '토지문화관'에서 작업했다. '토지문화관'은 국내뿐 아니라 해외 작가들도 많이 이용한다. 이곳 동상의 좌대에는 작가의 에세이에서 따온 "꿈꾸는 자가 창조한다 Dreamers Create"는 문구가 한글과 영문으로 새겨져 있다.

〈토지〉의 세트장이었던 '최참판댁'과 '토지마을'은 현재 하동군에서 보존 관리하여 연간 약 70만 명의 관람객이 찾는 명소가 되었다.

소설《토지》와 드라마 〈토지〉는 장르의 특성상 상이한 점이 많다. 그중 가장 두드러진 차이점은 서희와 길상의 혼례에 관한 것이다. 결혼식은 시각적으로 볼거리가 많기에 드라마나 영화를 만드는 연출자들이 인상적인 장면을 찍기 위해 시간과 비용 면에서 공을 많이 들인다. 드라마 〈토지〉 역시 서희와 길상의 결혼식 장면을 비중 있게 다루었다. 그런데 소설《토지》에는 둘의 혼례 장면 묘사가 아예 없다. 작중인물의 비중으로 따지면 의아스럽기도 한데, 이러한 점이 바로《토지》의 이야기 진행 방식 중 특징적인 것이라 할 수 있다.

박경리는 하나의 사건이나 이야기, 인물들을 제시한 후 그것을 집요하게 추적해 가기보다는 잔뜩 벌여 놓은 뒤 다른 이야기나 사건으로 슬쩍 옮겨 간다. 그러고는 지금까지의 상황에 대해서 시침을 떼고서는 전혀 상관이 없어 보이는 다른 화제나 인물에게로 시점을 옮긴다. 나중에야 후일담 형식으로, 먼젓번 사건에 대한 당사자의 회상이나 회고, 또는 제3자의 전언傳言과 전문傳聞, 작가의 내레이션으로 그간의 전개 과정을 독자에게 들려준다.

이러한 이야기 전개 방식은 매우 영리한 선택이었다고 할 수 있다. 700여 명의 인물을 부려 놓고 긴장을 유지하며 이야기를 끌고 갈 수 있는 것은 바로 이러한 서사 전략 덕분이다.《토지》는 특정 주인공을 중심으로 이야기가 전개되거나, 하나의 사건을 집중적으로 조명한다거나 하는 방식과 떨어져 있다. 다양한 인물들의 얽힘이 곧 소설의 뼈대를 이루고 있다. '인물이 얽혀 있다'는 것은 이 작품이 한편으로 시간의 흐름에 따른 등장인물 개개인의 생애를 그리고, 다른 한편으로 특정 순간 특정 공간 속에서 등장인물 상호 간의 관계를 드러내 주고 있다는 뜻이다.

소설 《토지》에서 결혼식 장면이 상세하게 묘사된 커플은 이홍과 허보연이다. 평사리 농민을 대표하는 이용의 아들 이홍과 평사리의 몰락한 양반 김훈장의 손녀 허보연의 결혼식 장면은 제3부 2편 16장에 '혼례'라는 타이틀로 한자리를 차지하고 있다. 그리고 이 혼례는 바로 통영에서 이루어진다. 평사리에서 살고 있는 홍이는 지역 전통 혼례 방식에 따라 신부의 집이 있는 통영으로 가서 신부를 맞이하기 위해 '친영親迎'을 떠난다. '친영'의 원래 의미는 '신부를 신랑집으로 맞아와 혼례를 치르는 것'이지만, 일제강점기에는 주로 '신부 집에서 혼례를 진행하는 신속례新俗禮 혼인'을 지칭하는 용어로 사용되었다.

16장 '혼례'는 "음력 이월달, 물대 위의 물바가지 얼어 터진다는 바람 많고 변덕 심한 달에 홍이와 점아기의 맏딸 보연의 혼인날이 결정되었다"는 진술로 시작한다. 1박 2일이 걸려 통영에 도착한 평사리 사람들은 뱃멀미와 바람 부는 날씨로 꼴이 말이 아니다. 비바람이 부는 사나운 날씨에도 초례가 이어지는데, 여기서 작가는 작심한 듯 예식 절차에 대한 친절한 설명과 더불어 신랑, 신부, 가족, 하객들의 표정이나 심리를 상세하게 묘사하여 독자의 상상력을 자극한다. 더군다나 초례청에 놓았던 닭의 죽음과 "바람 많고 변덕 심한

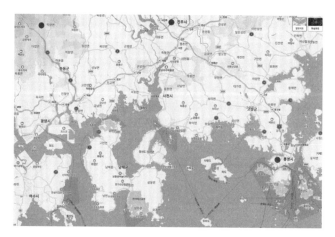

《토지》 등장인물들의 주요 동선動線인 하동↔진주↔통영. 소설 속에서 통영으로 가는 여정은 뱃길을 이용한다. 통영의 옛 이름은 '충무'다. 1955년 통영읍이 시로 승격되면서 이순신의 시호諡號를 따서 충무시로 개칭하였다가, 1995년 행정구역 개편에 따라 통영군과 통합하여 현재의 '통영시'가 되었다. 작품 속에선 평사리에서 통영까지 산길, 물길로 1박 2일이 걸렸지만, 지금의 도로 상황을 반영하면 110킬로미터 남짓, 자동차로 두 시간이면 충분하다.

달"이라는 복선은 홍이와 보연의 결혼이 순탄치만은 않을 것이라는 예상을 가능케 한다.

멀고도 가까운 것이 남녀의 사이라든가. 아무도 없는, 외부와 단절된 차고가 유죄였었는지 모른다. 불이 붙으면 태워야 하는 것이 이치였었는지 모른다. 사랑은 여하한 경우에도 아름다운 것인지 모른다. 치욕과 멸망의 결과가 크면 클수록 더욱 치열하게 타오르는 것인지도 모른다. 그것을 예감하면서, 강하게 예감하면서, 이들의 관계는 깊어지고 말았다. 사랑의 환희는 슬픔이었다. 다음 날 밤, 한숨과 애무와 눈물과 그리고 조속한 이별을 바라면서, 또 그 이별을 두려워하면서 말 없는 포옹 속에 차고문이 부서질 만큼 요란한 소리를 들었다. _《토지》 3부 3편 9장, 죄인들

홍이가 첫사랑이었던 장이와 자신의 직장이기도 한 차고에서 관계를 맺는 장면이다. 《토지》에서는 보기 드문 아슬하고 격정적인 러브신이다. 60년대 박경리의 연애소설에서나 볼 수 있는 장면들을 연상케 한다. 장이는 이용의 연인 월선을 닮은 것으로 설정되어 있는데, 그리고 보면 부자父子가 모두 비슷한 이미지의 사랑해선 안 될 여자를 사랑한 셈이다. 작가는 "~모른다"는 술어를 네 번이나 반복해 가면서 사랑의 감정을 증폭시키다가 결국 "치욕과 멸망의 결과"로 내동댕이친다. 현장을 잡힌 것이다. 요란한 소리의 정체는 바로 장이의 시고모와 사촌 시동생이었던 것이다.

관계를 맺은 곳이 차고라는 설정은 파격적이다. 사실 근대적인 모빌리티와 관련하여 《토지》에서 가장 문제적인 인물이 홍이다. 홍이는 작품에서 서희와 길상의 다음 세대인 환국, 영광, 두매, 정호 등과 함께 4세대에 속하는 인물이다. 주요 인물들 중 근대적인 테크놀로지와 연결된 거의 유일한 인물이 바로 홍이다. 그의 동선은 평사리→간도→부산→통영→진주→일본→만주→하얼빈으로 이어진

중국에서 자동차 공장이 처음 세워진 곳이 장춘이다. 1953년 7월 15일 착공하여 3년이 지난 1956년 7월 15일부터 중국 최초로 '해방표 자동차'를 생산하기 시작했다. 중국이 자동차 생산 능력을 갖춘 날은 이날부터 친다. 사진은 대량생산되어 나온 '해방표 자동차'가 각 지역의 생산과 건설을 지원하기 위해 출고를 기다리고 있는 모습이다. 박경리는 장춘이 교통의 요지였다는 사실과 중국 '최초의 자동차 공장'과 같은 사실에 기반하여 홍이의 카센터를 장춘에 오픈하게 했다. (출처: 신화사)

다. 1부에서 5부까지 배치되는 작품의 주요 공간마다 그의 발길이 닿지 않는 곳이 없다.

홍이의 첫 번째 직업은 화물차 운전기사다. 당시로서는 흔치 않은 직업군이다. 친구와 함께 도일度日을 하려다 실패하자, 부산에서 운전을 배우고 화물차 운전을 시작한다. 장이와의 스캔들 이후 진주에서 자리를 잡고 지내다 기어이 일본으로 건너가는데, 그곳에서 자동차 정비 기술을 익힌다. 제대로 유학을 한 셈이다. 아비 용이가 죽자, 홍이는 가족들을 데리고 동북지방 교통의 요지였던 장춘長春 (창춘)으로 건너가 그곳에 자동차 정비공장을 차린다. '장춘'은 1932년 일본이 만주국을 세운 후 '신경新京'으로 간판을 바꿔 단 괴뢰국의 수도였다.

한편 홍이의 자동차 조수로 일하다 만주까지 따라온 인물이 마당쇠의 장남 '마천일馬天一'이다. 딱 운전 잘할 것 같은 작명作名이다. 그는 신경新京에서 귀향한 후에는 진주와 통영을 오가는 버스를 운전하며 생활한다. 작중에서 홍이의 마지막 직업은 하얼빈에서의 '영화관 운영'으로 설정되어 있다. 지금으로 말하면 극장주가 된 셈인데, 한편으로 그는 독립운동 조직과의 연계를 지속적으로 모색해 나간다. 아버지 용이가 "복 많은 이 땅의 농부"를 상징하는 캐릭터였다면, 아들은 변화하는 시대의 맨 앞에서 전혀 다른 길을 가고 있는 셈이다.

통영 나비장과
해저터널에서 생긴 일

일제강점기 통영은 해상교통과 수산업의 전진기지로 활용되었다. 통계에 따르면, 1910년대에 이미 통영 시가지에만 일본인이 718명이나 거주하고 있었다. 20년대에는 상하수도, 도로 축조 등 도시 근

통영과 미륵도를 연결하는 '통영 해저터널'은 1926년부터 1932년까지 5년 여에 걸친 공사 끝에 완공된 동양 최초의 해저터널이다. 해저터널로 연결되기 전, 미륵도는 밀물 때는 섬이지만 썰물 때는 도보로 왕래가 가능한 상태였다. 그러다 일본인 이주가 본격화되면서 두 지역 간의 거리 단축과 물자 수송을 위해 터널이 건설되었다. 현재 통영 해저터널은 '문화재 제 201호'로 지정되어 있다. 일제의 수탈과 편의를 위해 만들어진 구조물이 문화재로 등록되었다는 것이 일견 의아할 수 있는데, 통영시는 "주창과 시행이 일제에 의한 것이라고 해도 투입된 자재와 인력이 우리 민족에 의한 것이라는 역사적 가치"가 있기 때문이라고 설명하고 있다. 해저터널은 폭 5미터, 높이 3.5미터에 총길이는 483미터로 걸어서 10분 정도면 통과할 수 있다. (출처: 네이버 지도, 통영시 홈페이지)

대화 사업들이 진행되었다. 통영과 미륵도를 연결하는 동양 최초의 해저터널이 건설된 것은 1932년이다. 이곳은 예전에 '판데목'이란 지명으로 불린 곳으로, 임진왜란 때 이순신 장군에게 패하여 도망치던 왜군이 이곳에서 수없이 죽었다 하여 '송장목'으로도 불렸다.

이러한 역사는 통영 사람들의 자긍심을 한껏 드높인다. 일제 치하라고 주눅 드는 법이 없다. 오히려 과거 영웅의 치적과 전사戰史가 과장되고 부풀려진다. 조준구는 재산을 탕진하고 갈 곳도 없어지자 아들 병수를 찾아 통영으로 온다. 좁고 가파른 골목길을 오르며 준구는 가난한 삶의 모양새를 멸시하고 비아냥거린다. 이에 길 안내를 하던 소년은 한 마디도 지지 않고 꼬박꼬박 말대꾸다. 둘의 문답이 만담을 듣는 양 재미나다.

"손님은 부잔가배요?"

"뭐?"

"금줄 시계도 하고, 그런 사람이사 이런 길 안 다닙니더."

비꼬듯 말한다.

"못 배워먹은 것들, 말버릇 고약허다. 상하 구별도 모르는 촌것들이라니,"

"우리 곳에서는 다 이렇기 말을 하는데요?"

"갯바닥이라 더한 겐가?"

"갯가라 카지마는 옛날에는 사또보다 높은 수군통제사가 있었던 곳입니더. 지금 우리가 가는 명정리에는 이순신 장군을 모시놓은 사당도 있고요. 저어기 저, 왜놈들을 몰살시킨 판데목도 있고 통영사람들 콧대가 얼매나 높으다고요? 그래서 왜놈 서장도 보통내기가 와서는 맥도 못 춘다 안 캅니까?"

"대통으로 하늘 보기다. 왜놈, 왜놈 하고 함부로 지껄이다가 혼날 줄 알아라."

"우리는 지금꺼지 그렇기 말해왔십니다. 손님은 부잔데 와 그리 벌벌 떨어샀십니꺼?"

"이놈 봐라? 못하는 말이 없구나."

"서울은 우떤지 모리겠십니다마는 우리 곳에서는 왜놈들이라 카믄 업신여긴께요. 통영은 왜놈들이 와서 박살난 곳이라요. 그런 놈들이 다시 와가지고 우리 동언 터를 헐어서 신사를 안 지었습니꺼? 그때 추굴 받아서 왜놈들이 직사했다 카데요. 충렬사에도 이순신 장군의 큰 칼을 모시났는데 그놈들이 몇 명이나 달기들어서 용을 썼지만 그 칼을 못 들어냈다 안 캅니꺼? 그라고 또 아까 판데목 이야기는 했지요? 와 판데목이라 카는지 압니꺼? 임진왜란 때 그놈들이 도망갈라꼬 엉겁결에 손으로 팠답니더. 그래서 판데목이라,"

"주둥이는 닫아두고 어서 가기나 해."

"손님이 숭을 본께, 통영을 찾아오는 다른 손님들은 경치 좋고 인심이 좋고 해물이 좋다고 칭찬인데, 손님은 아마도 신선 노는 곳에서 오는가배요?"

어지간히 자존심이 상했던 눈치다. 사내아이는 당돌하게 일침을 놓았다.

"우리 통영에서는요, 손님 겉은 노인 치고 양복 입은 사람은 한 사람도 없십니더. 그래도요, 통영 갓 통영 소반이라 카믄 외지의 양반들은 다 안다 캅디더. 하다못해 전복도 통영 거라 카믄 돈을 더 받는다 하데요."

"잔말 말고 가기나 해!"

"예!"

사내아이는 일부러 골탕을 먹이려는 듯 날듯이 빨리 걷는다.

_《토지》 3부 5편 10장, 명장

이 당돌한 '사내아이'의 정체는 금강여관 심부름꾼이다. 똑 부러지게 할 말 하는 '사내아이'는 이후 명희의 통영 방문 때 잠깐 말을 섞고는 더 이상 등장하지 않는다. 《토지》의 특징 중 하나가 이렇듯 이름을 가지지 못한 단역 인물들이 서사에 적극적으로 개입한다는 것이다. 《토지》에는 '단 한 번만' 등장하는 단역 인물의 수가 400여 명, 이들이 차지하는 분량이 원고지로 4천 매에 이른다. 《토지》 전체 이야기에서 약 10퍼센트의 지분을 단역들이 가지고 있는 셈이다.

'사내아이'의 자긍심은 사실 작가 박경리의 것이다. 박경리는 이순신을 "무장武將이기보다 위대한 인간"이며, "오로지 우리의 삶을 지킨 사람", "확대하면 인류도 지킬 수 있는 사람"이라고 평가한다. 무장이지만 군사력으로 세상을 지배하려는 야욕을 보인 적이 없고, 오로지 백성을 지키기 위하여 목숨을 다한 인물이었다는 것이다. 어린 시절 박경리에게 '세병관'은 춤추고 노래하며 뜨거운 햇살을 피해 쉴 수 있는 친숙한 공간이었다. 박경리는 '역사적인 공간'으로서 '통영의 탄생'을 이렇게 이야기한다.

옛날, 일개 편벽의 갯촌이었고 고성군固城郡에 달린 관방에 불과했던 이 고장이 임진왜란을 겪으면서, 구국의 영웅 이순신의 당포唐浦와 한산도閑山島의 대첩을 거두게 되는데 그로 인하여 삼도통제사三道統制使 군영軍營이 이곳 갯촌으로 옮겨지게 된 것이다. 바로 통영統營이 탄생되었던 것이다. ……

사람들은 성지聖地, 충렬사의 붉은 동백꽃을 마음으로 몸으로 수호하며 이순신이 팠다는 명정리의 쌍우물, 어떠한 가뭄에도 마르지 않는, 해서 가뭄 때는 통영사람들 유일한 식수가 되는 명정리 우물을 바가지로 퍼올리는 아낙들 마음은 늘 경건했다. 왜국 군선軍船들이 몰리었던 판데목, 어마지두한 왜병들이 손으로 팠다는 판데목, 사람들은 그곳에 설치한 해저터널을 다이코보리(大閣堀リ)라 부른다. 그것은 일본의 참패를 상징하는 말이다. …… 여하튼 일제 치하의 통영, 남쪽 멀리 멀리 날아가버린 자유의 새가 돌아올 것을 기다리는 사람들, 자랑스러움을 버리지 않는 사람들, 활기에 넘쳐 있다, 통영은. _《토지》 5부 1편 4장, 몽치의 꿈

조병수가 통영에 오게 된 까닭은 통영 소목방小木房에 일자리를 얻었기 때문이다. 이전에 와 본 적도 없고 지인도 없는 곳, 통영에서 그는 새로운 사람으로 태어난다. 비록 몸은 곱추이지만 병수는 세

통제영 안 '세병관洗兵館'의 모습. '세병'이란 '만하세병挽河洗兵'에서 따온 말로 '은 하수를 끌어와 병기를 씻는다'는 뜻이다. 피 묻은 총칼을 닦는 공간치고 정말 시적 인 작명이다. 경복궁 '경회루', 여수 '진남관'과 더불어 남아 있는 조선시대 건축물 중 바닥면적이 가장 넓은 건축물로 꼽힌다. 어린 시절 박경리가 그랬던 것처럼 관람 객들은 신발을 벗고 세병관 마루에 올라 그 규모와 건축, 미술 양식 등을 직접 체험 해 볼 수 있다. (출처: 통영시 홈페이지)

상 사는 염치와, 인간에 대한 예의, 뛰어난 예술적 감성을 지닌 인물 이다. 부모의 죄업을 견디다 못해 몇 차례나 자살을 시도하나 미수 에 그치고, 유리걸식하며 지내다 아무 연고도 없는 통영에 자리를 잡은 것이다. 병수는 아버지의 온갖 횡포를 받아들이며 그의 죽음 을 거둬들임으로써 자신에게 씌워진 혹독한 업보를 씻는다. 작가는 "항구가 내려다보이는 통영 언덕바지"에서 조병수를 예술가로 재탄 생시킨다.

통영은 박경리를 비롯하여 윤이상, 김춘수, 유치환, 전혁림 등 걸출한 예술가를 낳은 예향藝鄉이다. 여기엔 시인, 소설가, 화가, 음악가 외에 공방의 장인들도 포함된다. 소목장, 소반장, 나전장, 두목장 등 통영에는 아직도 12공방의 장인들이 전통을 잇고 있다. 유고시 〈옛날의 그 집〉에서 "버리고 갈 것만 남아서 참 홀가분하다"고 했던 박경리가 평생을 껴안고 있던 세 가지 보물이 있었다. 국어사전과 재봉틀, 그리고 통영 나비장이 그것이다.

박경리는 "재봉틀은 나의 생활"이며, "국어사전은 나의 문학"이고, "통영 장롱은 나의 예술"이라고 말하곤 했다. 박경리는 통영 나비장을 아끼고 아꼈다. 2004년, 박경리는 50년 만에 통영을 방문한다. '50년 만의 귀향'이라 하여 현수막이 걸리고, 시청 강당에서 기념 강연을 하고, 시장과 시민들이 모두 나와 반겼다. 50년! 반세기 만에 고향에 온 것이다.

작가는 서울 살 때에도 "통영 소반, 통영 소반" 하면서 지나가는 행상 소리만 들어도 눈물이 나 쫓아 나가 보았다고 추억한다. 그러나 안타까운 가족사와 치열했던 삶의 고투, 창작의 고통과 성격적 결벽증은 쉽사리 통영행을 결심하지 못하게 했을 것이다. 그런 그가 50년 동안 고향에 가지 않고 버틸 수 있었던 것은, 평생을 가장 가까이에서 작가와 함께 나이가 든 통영 나비장이 있었기에 가능했던 것이 아닐까?

통영 이야기는 이곳에 터를 잡은 4세대 인물들뿐 아니라 이들과 관계를 맺은 소지감, 해도사 등의 지리산 사람들까지 합류하며 다채

로워진다. 이들 외에도 통영과 인연을 맺은, 더 구체적으로는 통영에서 죽다 살아난 인물이 있으니 바로 임명희다. 임명희는 서울 효자동에 거주하는 역관譯官 임덕구의 외동딸이며 임명빈의 누이동생이다. 동경 유학파로 빼어난 미모에 지적인 세련미까지 갖춘 인물이다. 후취 자리이기는 하지만 친일 귀족 조용하의 부인이 되어, 생각하기 따라서는 먹고사는 데 아무 걱정 없는 인물이다.

하지만 부부관계가 부와 지위로만 유지되는 것은 아니다. 명희와의 결혼을 위해 조강지처까지 버린 용하의 병적인 소유욕과 집착, '폭군적인 잔인함'은 부부관계를 남보다도 못한 사이로 만든다. 임명희는 친일 귀족 조용하와의 결혼이 파국을 맞은 후 심한 자폐증과 무기력을 극복하지 못한 상태에서 여고 동창 길여옥을 만나기 위해 여수로 향한다. 서울에서 부산으로, 부산에서 다시 배를 타고 여수로 향하는 명희의 여정에는 딱히 어떠한 기대도 목적도 없다. 그런 그가 "파닥거리는 생선 같은 항구"에 끌려 잠시 기항한 통영항에 "자신도 모르게" 하선한다.

신선한 바다 냄새, 부두 가장자리에 즐비하게 매어놓은 쪽배, 범선, 비스듬하게 쌓은 방천엔 파아란 파래가 끼어 있고 게들이 제물에 놀라 바위틈에 숨곤 한다. 파닥거리는 생선 같은 항구다. 명희는 저 자신도 모르게 가방 하나를 들고 하선하여 줄지어 삼판을 건너는 사람들 속에 떠밀려가고 있었다.

"이거는 여수 선표 아입니까?"

서울 정릉집 공사 전후의 모습. 박경리는 가장 가까운 곳에 통영 나비
장을 두었다. 손자의 잠자는 모습을 그린 그림과 장난감 PONY 자동
차가 보인다. 박경리는 학창 시절에도 친구들의 모습을 곧잘 그려 주
곤 했는데 "주로 얼굴만" 그렸다고 추억한다.

표를 거두어들이는 청년이 명희를 쳐다보았다.

"네. 저어."

"마, 괜찮십니다. 우리사, 손님이 손해다 그 말이지요."

명희는 거리로 나왔다. 참 이상한 일이었다. 뱃머리의 그 소음과 활기는 현실이 아니었던 것처럼 거리는 오수午睡에 잠겨 있는 것처럼 조용했다. 지나가는 사람들조차 실루엣 같기만 했다. 간혹 자전거 소달구지도 지나갔으나 사람들은 대부분 천천히 걷고 있었다.

_《토지》 4부 2편 5장, 사랑은 창조의 능력

그렇게 통영에 내린 명희는 여관 주인이 구경거리라고 일러 준 해저터널로 향한다. "관심도 호기심도 없었지만", 그저 목적지 삼아 도착한 해저터널의 이미지는 '저승'이었다. 세상은 보는 이에 따라서 희극도 되고 비극도 된다. 세상을 보는 것은 시력이 아니라 마음이다. 특히 명희처럼 중증 우울증 환자와 같은 심리 상태에서는 나를 둘러싼 세계가 위태롭게만 느껴진다. "아가리를 딱 벌린 듯"한 굴의 입구, 그리고 "저승이라는 말 외 다른 어휘"는 떠오르지 않았던 굴속을 통과한 그날 밤, 명희는 방파제 끝에서 몸을 날린다. 굴속에서 저승을 경험했으니 죽음은 그다지 두렵지 않았을 것이다. 삶의 의미가 없으니 죽음도 의미 없는 것이 되고 만다. 다행히 명희는 어부에게 구조되어 목숨을 건진다.

그러한 그녀가 새 삶을 시작한 곳은 여고 동창이 있는 여수의 밤바다도, 오라버니가 있는 서울의 효자동도 아닌 통영이다. 명희는 여옥의 소개로 통영에서 시골 보통학교 촉탁교사로 지내며 새로운 삶을 시작하고, 그렇게 6년 동안 통영에 머물면서 몸도 마음도 조금씩 회복한다. 그는 이제 오빠 명빈을 돌보고, 한때 연정을 품었던 상현의 딸 양현을 돌보고, 상당한 돈을 동학 잔당의 거사 자금으로 내놓는다. 곱추 병수가 아무 연고 없는 통영에 와 자신의 업보를 씻고 일가를 이루는 곳, 자기 자신이 언제나 가장 비참하고 아팠던 명희가 비로소 세상과의 소통을 모색하는 곳,《토지》에서 통영은 단지 풍광 좋은 '동양의 나폴리'이거나, 전복 값을 더 쳐주는 해물 좋은 산지産地가 아니라 치유와 재생의 공간이다.

말 많은 먹물들의 담론,
서사의 계기와
소문의 진상

준구가 서울 다녀왔다는 소문을 듣고 김 훈장은 궁금했던 참이었다.
언쟁을 벌여 자리를 박차고 일어나지만 않았더라도
찾아가서 서울 소식, 시국 돌아가는 애기를 들었을 것이었는데
요즘 김 훈장은 몹시 답답한 날을 보내고 있었다.

_ 《토지》 1부 5편 17장, 어리석은 반골反骨과 사악한 이성理性

'역사'와의 접속, 경성발京城發 이야기

어리석은 반골反骨. 김훈장은 봉건제적 질서에 충실한 보수주의자의 전형이다. 가통家統을 이어야 한다는 골수에 박힌 사상 때문에 천지 사방을 뒤져 양자 '한경'을 들여 성례를 시키고 겹사돈을 맺어 대를 잇는다. 완고하고 융통성이 없으며, 그러기에 어떤 전망도 갖지 못하는 인물이다. 그렇다고 악당은 아니다. 물질적인 욕심도 없다. 빈한한 살림에 욕심 없이 농사를 지으며 살아간다. 삼대조三代祖가 미관말직微官末職에 있었으나, 그 후 등과를 하지 못한 채 향반으로 살면서 평사리의 대소사를 보아 주는 것으로 그나마 어른 대접을 받는다. 그가 지닌 것이라고는 "백년 전의 상식일 뿐"이다. "오늘의 상식, 그도 본바닥 서울서 묻혀온 실감나는" 준구의 시국담에 쉽사리 뇌동할 수도 없고 반박도 할 수 없는 수준인 것이다.

사악한 이성理性. 조준구는 누가 봐도 나쁜 놈이다. 작가 박경리 왈, 《토지》의 가장 속악한 인물"이 조준구다. 물질적인 욕심도 색

욕도 평균 이상이다. 개화 바람을 타고 역관譯官 노릇을 하기도 했던 눈치 빠르고 교활한 인물이다. 그에게 인간에 대한 예의나 염치, 상식이라고는 찾아볼 수 없다. 처 홍씨의 죽음을 슬퍼하기는커녕, 홍씨의 패물과 집을 잃은 것이 더 애통하다. 곱추의 몸인 아들에게조차 사랑도 애정도 연민도 보이지 않는 구제 불능의 말종이다. 본능적으로 강자에게 약하고 약자에겐 가차 없는 '세상 사는 이치'를 체화하고 있다. 사리사욕과 개인의 안녕을 위해서라면 무슨 짓이든 마다하지 않는 탐욕 덩어리다. 말년에 준구는 "모골이 서늘해질 만큼 혐오감을 주는" 노추를 이끌고 아들 병수를 찾아 몸을 의탁한다. 《토지》에 나오는 무수한 인물들, 그들의 이런저런 죽음의 장면들, 그중 작가가 가장 세세하고도 비참하게 죽음의 과정을 기록한 인물이 조준구다.

조준구가 중풍으로 쓰러진 것은 작년 이맘때였다. 하반신 마비였던 것이다. 중풍으로 쓰러졌다 해서 집안이 조용해진 것은 아니었다. 잔혹한 상태에서 조준구는 광란상태로 변하여 집안은 한층 더 시끄러워졌던 것이다. 별의별 요구가 많았지만 그 중에서도 기막히는 것은 송장 썩은 물을 구해오라는 주문이었다. …… 한번은 병수가 오물을 치우려고 방에 들어갔을 때 대변을 거머쥐고 있다가 아들 면상을 향해 던진 일이 있었다. 그때 병수는 통곡을 했다.

_《토지》 5부 1편 4장, 몽치의 꿈

눈을 부릅뜨고 죽은 조준구의 형상은 끔찍했다. 끔찍했을 뿐만 아니라 삶의 기능, 존재했던 육체의 마지막 한 오리 한 방울까지 훑어내고 짜내버린 종말의 모습은 너무나 처참했고 머리끝이 치솟는 것 같은 공포감을 안겨주었지만 한편으로는 깊은 연민을 느끼게 했다. 호박덩이 같았던 두상은 쪼그라져서 조그맣게 돼 있었다. 몸도 줄어들어서 아주 작아져 있었다. 손가락은 모두 펴진 채, 그 다섯 손가락은 갈고리처럼 굽어져 있었다. 삼 년을 넘게 병상에 있었는데 어쩌면 조준구의 마지막 일 년은 살아 있었다기보다 죽음을 살았는지 모른다. 죽은 후의 과정이 살아 있는 상태에서 진행되었으니 말이다. 시신을 씻을 때 욕창으로 탈저脫疽된 부분이 문적문적 떨어져 나왔고 썩은 냄새가 코를 찔렀다. _《토지》 5부 3편 3장, 모화 일가一家

《토지》 5부에 등장하는 준구의 죽음 장면이다. 최치수, 이동진, 이용 등과 함께 작중의 2세대에 속하는 인물 중 거의 끝까지 살아남은 인물이다. 준구를 염殮하는 몽치는 "연민을 느끼게" 한다고 했지만, 1부부터 준구를 지켜본 독자들은 오히려 인과응보, 자업자득 통쾌함을 느끼지 않았을까? 비참한 죽음이기는 하지만 살아생전 조준구는 드라마틱한 삶을 살았다. 평사리로 밀고 들어왔을 무렵, 동네에서 준구의 가장 만만한 상대는 김훈장이었다.

처음부터 양반으로서의 자존밖에 내세울 게 없는 김훈장과 기질적으로 간교하고 음험한 조준구의 논쟁은 게임이 되지 않았다. 마땅히 그래야 하는 당위當爲만 있지 정보력이랄 것도 없고 논리가 약

서울역(당시 경성역) 건축 현장.
경성 역사驛舍는 완공 당시 경성 부민들의 입을 쩍 벌어지게 한 건축물이었다. 르네상스
와 바로크를 절충한 양식으로 넓은 홀을 만들고 지붕에 큰 돔을 얹어 모던한 멋을 뽐내었
다. 대지 면적 7만여 평에 건축 면적 2천여 평에 이르는 경성 역사는 당시 수부首府 경성
의 가장 큰 건축 프로젝트였다. 경성 역사는 지금은 해체된 조선총독부 건물과 함께 경성
도심의 근대 경관을 대표하는 공간적 좌표 구실을 하였다. (출처: 노형석, 《모던의 유혹, 모던
의 눈물》, 2003)

한 김훈장은 조준구의 상대가 될 수 없었다. 조준구는 불뚝거리며 왕왕거리는 김훈장의 급소를 노려 깐죽깐죽 조롱하며 잽을 날리다 번번이 녹다운을 시킨다. 조준구에게 김훈장은 그저 심심할 때 놀려먹기 좋은 대상, "손바닥 위에 올려놓고 놀리는 재미" 상대일 뿐이다. 그럼에도 김훈장은 세상 돌아가는 이야기를 듣기 위해 '서울 다녀온' 조준구를 찾는다. 조준구든, 주막에서 만난 늙은이든, 걸인이든 간에 서울과 식민지 경성에서 전해지는 이야기는 서부 경남 작은 마을 평사리를 세상과 '접속'시킨다.

'접속'의 속도는 3부 이후 급속히 빨라진다. 철도가 개통되었기 때문이다. 지금은 서울역이 종착역 혹은 시발역 역할을 하고 있지만, 1925년 현재의 역사驛舍가 완공된 뒤부터 해방 직전까지 경성역은 엄연한 대륙행 국제 철도의 기착지 역할을 담당하였다. 도쿄에서 대륙의 현관인 조선반도를 거쳐 시베리아와 유럽으로 뻗어나가는 '대일본 제국의 역동적 면모를 반영하는 것'이 역사 건축의 상징적 목표였다.

대지 면적 1만 83평, 건평 2,025평에 이르는 서울역 건립 사업은 도쿄역에 육박하는 초대형 건설 프로젝트였다. 그 규모만으로도 당시 식민지 조선인들을 주눅 들게 하기에 충분했다. 사람들은 역사의 엄청난 규모와 호사로운 외관에 놀라워했다. 《토지》에서도 경성 (서울)역은 여러 인물들이 만나고 헤어지며 이야기가 전파되는 중요한 공간이다. 하지만 근대 지식인 서의돈의 눈에 포착된 일제 하 경성역의 인상은 긍정적일 수만은 없었다.

그들은 거대한 괴물, 귀청이 날아가게 기적을 울리며 당장에라도 허연 이빨을 드러내어 달려들 것만 같은 시꺼먼 기차에 쫓기듯 가고 있다. 어둠 속에 우뚝우뚝 선 건물이며 높은 쇠기둥이며 엿가락같이 휘어서 뻗어난 레일, 금테 모자를 쓰고 깃발을 든 사내, 환하게 불이 켜져 있는 역사驛舍며 어둠 속에 떠 있는 빨강고 파아란 신호등이며, 생소하고 위협적인 모든 형체와 빛깔과 소리에 쫓겨가고 있는 것이다. 언제 어디서 쇳덩이가 정수리를 칠 것인지, 언제 어디서 굉음이 울리며 귀청을 찢을 것인지, 가난한 보따리를 마구 흔들며 쫓겨가고 있는 것이다. 바다에 떠밀면 물에 빠져 죽을 수밖에 없고 불 속에 던지면 타 죽을 수밖에 없는 무력한 백성들, 어느덧 그들 모습은 보이지 않았고 기차는 서울역을 향해 어둠 속을 달리고 있었다.

_《토지》, 3부 3편 1장, 동행同行

서울, 식민지의 '경성'은 《토지》의 1부에서 5부까지 지속적으로 서사에 개입한다. 《토지》 전체를 놓고 볼 때 이야기의 발단과 대단원은 평사리에서 이루어지지만, 여러 사건의 발생과 인물들의 등장과 퇴장은 경성과 관련되어 있다. 또한, '경성'은 최치수를 불구로 만든 공간이자 최참판가의 몰락을 가져온 '서울 양반' 조준구의 배경이 되는 공간이기도 하다. 이 두 가지 사건은 《토지》 전체 서사의 전제가 된다. 많은 사건이 평사리를 배경으로 진행되지만, 그 발단은 당시의 경성에서 비롯되고 있는 것이다.

이 작품의 주된 공간이 평사리를 중심으로 한 것은 분명한 사실이지만, 구한말에서 해방까지의 근대사를 평사리라는 하나의 공간이 모두 감당할 수는 없는 노릇이다. 1부에서 서희와 평사리 사람들의 간도행을 결정짓는 계기가 되는 최참판댁 습격(1부 5편 15장, 의거)도 '서울 다녀온' 윤보에 의해 촉발된다.

그러니까 그해가 1907년이었다. 팔월에는 조선군대의 해산이 있었고 참령 박승환이 비분을 참지 못하여 자결했으며 시위侍衛 보병들이 궐기하여 일본군과 교전하는 사태가 **서울서 벌어졌는데 그 소식을 가져온 목수 윤보에 의해** 마을에서 장정들이 들고일어나 최참판댁을 습격하여 군량미를 빼앗는 동시 조준구를 살해하고자 했지만 친일파 조준구를 처단하는 데는 실패하고 결국 그 일에 가담했던 장정들이 모두 산으로 들어간 직후, 영문 모르고 마을에 나타난 정한조를 조준구는 폭도로 몰아 왜헌병에게 넘겼으며 헌병에게 끌려갈 때 석이는 신발을 벗어들고 아부지! 아부지이! 울부짖으며 따라갔으나 정한조는 총살당하고 말았다. _《토지》 5부 5편 6장, 졸업

작가는 긴 문장으로 저간의 상황을 설명하고 있다. 5부에 이르면 작가는 이처럼 과거의 사건이나 정황을 친절하게 요약하여 독자에게 제시하여 준다. 서울, 식민지 경성은 작품 속 모든 정치 담론의 생산과 소비가 이루어지는 공간이다. 《토지》 속의 '경성'은 작품 속 모든 시국담의 근원지이며, 당시 개화 지식인들의 활동 무대이기도 하다. '경성'을 무대로 활동하는 사업가, 교육자, 친일 귀족, 사교계

소설 《토지》에 등장하는 경성의 주요 공간들을 이미지화한 그림지도. (출처: 마로니에북스)

인물들은 실재하는 역사와 허구를 연결 짓는 역할을 담당한다.

이념을 달리하는 지식인들의 활발한 토론 역시 대부분 경성에서 이루어진다. 친일파와 친러파의 대립, 만민공동회, 독립협회, 황국협회 등의 활동과 내부 갈등, 철도 부설권을 둘러싼 서구 열강의 다툼, 헤이그 밀사 사건, 군대 해산 등 당대의 굵직굵직한 역사적 사건들이 전언과 후일담 형식으로 제시된다. 여기에 허구적 인물인 조준구와 윤보 등이 개입하고, 마을 사람들은 그를 통해 당시의 정황을 가늠하게 되는 것이다.

역사적 사실과 허구의 이러한 접합은 다른 역사소설과《토지》가 변별되는 지점이기도 하다. 대개의 역사소설은 구체적인 역사적 사건과 인물 중심으로 이야기가 전개된다. 그러나《토지》는 구한말에서 해방까지 우리의 근대사를 관통하고 있지만, 특정 사건이나 인물이 작품의 중심에 놓여 있다고 말할 수 없다. 역사소설로서《토지》의 서술 의도는 '기록된 역사를 선택하여 재구성하는 데 있는 것이 아니라 역사가 어떻게 체험되고 인식되는가를 탐색'하는 데 있다. 이러한《토지》의 서술 방법은 '역사가 구체적으로 형상화되지 못했다'거나, '역사의 후경화'라는 지적을 받기도 한다. 이러한 비판에 대해, 작가는《토지》가 그리고자 하는 것은 '역사' 그 자체가 아니라 거기에 살고 있는 인간임을 강조한다.

제 소설을 두고 역사를 많이 운운하지만 작가의 입장에서 저는 작품을 쓸 때 미리 어떤 역사적인 사실을 전제해 두고 거기에 개인을 맞추어 넣지는 않아요. 왜냐하면 저는 역사가도 아니고, 사상가도 아니기 때문입니다. …… 사람 하나하나의 운명, 그리고 그 사람의 현실과의 대결을 통해서 역사가 투영됩니다. 열 사람이면 열 사람, 백 사람이면 백 사람을 모두 이렇게 주인공으로 할 경우 비로소 역사라는 것이 뚜렷이 배경으로서 떠오르게 되지요.

_ 김치수, 〈박경리와의 대화—소유의 관계로 본 한恨의 원류〉, 《박경리와 이청준》, 민음사, 1982.

《토지》는 역사가 단지 배경으로만 설정되어 있는 것이 아니다.

현장에서 떨어져 있지만 대다수 민중들이 다양한 방식으로 역사에 대응하는 모습은 오히려 현실의 리얼리티와 닮아 있다. 이때 '경성'은 허구와 역사적 사실을 접합하는 공간으로서 기능한다. 그렇게 받아들인 경성발京城發 이야기들은 역사의 소용돌이에서 비껴 있는 대다수 사람들에게 당대의 정치적·사회적 상황을 가늠할 수 있는 정보가 된다. 전언과 후일담 형식으로 전달된 이야기들은 단지 소문에 그치는 것이 아니라 그들을 역사와 매개시키는 것이다. 이제 경성은 평사리 사람들의 삶에 영향을 미치고, 그들을 역사의 한복판으로 밀어 넣으며, 그들 삶의 방향을 결정짓는 기준이 된다.

경성의 도시 경험과
식민지적 근대성

1910년 이후 경성은 대내외적으로 식민지 통치의 상징이었다. 경성은 일제에 의해 급속하게 변모되어 갔다. 많은 일본인들이 남촌 지역을 중심으로 거주 지역을 확장해 나간다. 1920~30년대에 일본인 거주자의 약 51퍼센트가 도시 지역에 거주했는데, 그중 40퍼센트 정도가 경성에 집중되어 있었다. 일본인 인구가 늘어남에 따라 거류 지역도 남대문, 욱정旭町, 명치정明治町, 남산정南山町, 영락정永樂町, 본정 6정목 이동 지역으로 뻗어 나갔다.

그 결과, 청계천을 경계로 도시 공간이 이중적으로 형성되기에 이

〈大京城中心의 百年大計〉,《每日申報》(1937년
2월 10일)
일본인의 유입과 더불어 당시 경성은 도시 내
공장 입지와 인구수 증가, 주거지와 공업지의
혼재에 따른 도시문제가 발생하였다. 이에 총
독부는 경성을 중심으로 개성, 김포, 인천, 수
원, 이천, 의정부 등을 포함하는 '위성도시 계획
안'을 수립하였다.

른다. 경성 이전의 서울은 정치 · 경제 · 사회 · 문화의 중심지였고,
일제는 식민지 정책을 실시하면서 우선적으로 경성에 총력을 집중
하였다. 일제 하 경성은 '식민지 조선의 축도'였던 것이다. 경성은 당
시 사람들이 근대적 사회 변화를 집중적으로 경험하는 장소이자, 식
민지적 상황을 가장 첨예하게 느끼는 공간이었던 셈이다. '경성'은
인물들의 삶과 행동에 강력한 영향력을 미칠 수밖에 없는 당대의 사
회적 · 역사적 현실과 가장 밀착되어 있는 공간이었던 것이다.

종로 입구와 달라서, 동대문 시장을 끼고 있는 4정목에서 5정목에
이르는 길가 점포는 땅에 엎드린 듯 낮은 데다가 구건물이 뒤섞이어
초라하고 을씨년스러웠다. 게다가 진열된 상품도 별로 없어 휑뎅그

1930년대 경성 본정통(現 충무로 일대)의 모습.

일제는 1910년 강제병합 이후 '한성부'라 불리던 수도 서울의 명칭을 '경성부'로 바꾸고 경기도에 소속시켜 그 위상을 낮추었다. 경성은 행정구역 개편으로 공간적 규모도 대폭 축소된다. '서울'에서 '경성'으로의 전환은 한 국가의 수도에서 식민통치 중심 도시로의 전환을 의미한다. 《토지》 속에서 서울 혹은 경성에 대한 호명은 혼재되어 나타난다. 주로 지식인들의 대화 속에서는 '경성'으로 불리지만, 그 외의 경우는 '서울'로 호칭된다. 하지만 이러한 원칙이 일관되게 적용되는 것은 아니다. 작가도 두 호칭을 엄밀히 구분하지 않았다.

렁했다. 유리창 안에 시꺼멓게 칠을 한 관棺과 백골의 관이 포개어진 광경이 명희 눈에 띄었다. 삼베 피륙이며 향로 촛대 따위도 눈에 들어왔다. 장의葬儀에 소용되는 물품을 파는 장의사 같은 점포였다. 명희는 그 앞을 서둘러 지나쳤다. _ 《토지》 5부 3편 1장, 소식消息

과거 한 국가의 수도로서 그 위용을 자랑하던 '서울'은 '경성'으로 이름을 바꾸면서 식민통치를 위한 전략도시로 전락한다. 이제 경성의 모습은 일본 제국의 번영과 조선의 쇠락이란 두 얼굴을 함께 가지고 있다. '밤이 되면 전등불로 더욱 환해지는' 경성의 모습 한편에는 '종로통 동맹철시同盟撤市'의 안쓰러운 모습이 겹쳐저 있다. 인용문에서 묘사하는 조선인 상가의 모습은 일본 동경의 '긴자(銀座)거리를 연상케 하는' 본정통의 모습과 대비되어 경성이라는 같은 공간 속에서 확인할 수 있는 번영과 쇠락의 모습을 극명하게 보여 준다.

이외에도 작품 속에서 '경성'은 깃사댄(喫茶店), 다방골, 전철, 양품점, 모던 보이와 같은 '신식'의 이미지들을 제공하며, 다른 한편으로 잡지사와 신문사, 악극단 등의 활동을 통해 근대식 문물의 동향을 보여 준다. 하지만 식민지 경성의 '신식'풍에 대한 지방의 인식은 긍정적이지 않다. 그러한 인식은 작가 자신의 것이기도 하다. 다음은 모던 보이에 대한 묘사와 그에 대한 지방 향리의 반응이다.

활동사진에서 빠져나왔나 싶을 만큼 사십 대의 모던 보이, 밀빛 캡을 멋지게 눌러쓰고 연갈색 체크 무늬의 양복, 보타이는 갈색이었고 스틱을 짚었다. 스프링 코트는 팔에 걸린 채, 경박해 보였으나 그 나름으로 세련은 돼 있었다. …… 향리에서는 그 차림새로 하여 조롱을 적잖게 받았다. _《토지》 4부 2편 1장, 남천택이란 사내

하지만 '경성'이 갖는 더 중요한 의미는, 전면에서 혹은 배후에서

만화漫畵로 본 경성京城,《시대일보》(1925년 11월 3일).
"유행은 사회를 화석化石으로부터 구원하는 것이라고 하는 말이 있다. 그럴듯한 말이다"라며 당시의 유행을 비꼬는 만평. 만화에서 서울의 모던 보이는 "거미발 같은 손으로 금칠한 책을 움켜쥐고", "풀대님한 바지에 레인코트"를 입고 "사쿠라" 몽둥이를 든 괴이한 형상으로 "조선은 아무것도 취取할 것이 없다"고 중얼대며 걸어가고 있다. 글쓴이는 "길을 똑바로 걸어라"고 일갈하고 있지만, 모던 보이를 멈추게 할 수는 없다. 모던 걸의 짧은 치마와 작은 양산의 유행도 그렇지만, 모던 보이의 '대모테' 안경이나 '젬병모자'의 유행도 급속히 퍼져 나갔다.

각 부部별로 서사의 중요한 계기들을 제공한다는 점이다.《토지》1부에서의 '경성'은 대부분 당시 정국에 대한 갖가지 소문과 시국담의 발원지로 서사에 개입한다. 하지만《토지》2부에서 5부까지 '경성' 공간은 구체적인 인물들의 활동 무대로 설정되어 서사에 적극 참여하게 된다. 여기에는 당시 경성에 거주하던 쇠락한 지식인, 역관, 귀족, 갑부, 사업가 등 여러 인물군이 등장한다. 작가는 이들을 통해 당시의 역사적·사회적 상황들을 다층적인 시각으로 제시한다.

《토지》의 2부는 두 개의 공간이 축을 이룬다. 하나는 서희가 평사리를 떠나 이주한 '간도' 지방이며, 다른 하나는 '평사리'를 찾기 위한 지렛대로서의 '경성'이다. 서희가 다시 일어나는 '재기의 공간'이 간도라면, 경성은 조준구로부터 토지 탈환과 귀향을 도모하는 '계략의 공간'이다. 서희의 부탁을 받은 공노인은 황태수의 아버지인 장안 갑부 황춘배와 서울에서 이름난 기생 기화(봉순이)의 도움으로 평사리 땅을 되찾는다. 3부는 최서희 일행이 간도에서 귀국한 다음 해인 1919년 가을부터 1929년 광주학생운동까지 약 10년여의 세월을 다룬다. 주된 공간 배경은 1920년대 서울-진주-만주 등으로 점차 확대된다. 특히 일제가 추진한 자본주의화와 경제적 억압이 경성을 중심으로 포착되고, 여기에 이상현을 중심으로 3·1운동의 후유증에 시달리는 지식인 집단의 갈등과 혼란이 엮어진다.

여기서 경성을 배경으로 등장하는 개화 지식인들의 대화와 격론은 당대 가장 첨예한 역사적 현실에 대한 편향되지 않은 훌륭한 정보를 제공하는 역할을 담당한다. 하지만 일본 유학과 신교육의 혜택을 받은 이상현, 서의돈, 임명희 등 대다수 지식인들의 모습은 역사의 동력으로 기능하기보다 도시 룸펜의 모습에 가깝다. 그 모습은 당대의 억압적인 현실과 그로 인한 지식인의 한계를 극명하게 보여 준다.

서희뿐 아니라 길상에게도 '경성'은 신분상의 질곡을 극복하게 하는 '지렛대' 혹은 완충지로 기능한다. 서희의 귀향에 길상은 동행하지 않는다. 길상은 간도에 남아 독립운동을 도우며 신분적 이질감을 극복하려 노력한다. 그러다 계명회 사건에 연루되어 서울 서대문구치소에 수감되었다가, 2년 후에야 서희가 있는 진주로 돌아온다. 간도에서의 독립운동 생활과 2년간의 수감 생활은 최참판댁 종 김길상도, 씨내리로서의 최길상도 아닌 길상의 존재를 증명하는 알리바이가 된다. 나라를 되찾는다는 명분은 표면적으로 드러난 행위일 뿐, 길상의 갈등과 결단을 모두 설명할 수 있는 명제는 아니다.

《토지》의 4부와 5부는 1929년의 원산노동자파업, 만주사변, 남경대학살에서 해방에 이르기까지의 역사적 상황이 배경을 이룬다. 농촌 붕괴와 도시 유랑민의 증가 등 1930년대 일제의 폭압과 혼란상, 시국에 대한 정보와 주장이 지식인들의 입을 통해 생생하게 증언된다. 또한 1940년경부터 1945년 해방에 이르기까지 태평양전쟁시기 일제의 억압을 견뎌야 했던 민족의 고단한 삶의 모습이 다양하게 펼쳐진다. 이때 경성은 '심심찮게 공습경보의 사이렌 소리가 울리곤' 하는 전운이 가득한 암울한 공간으로 그려진다. 이제 경성은 총력전 체제 하에서 전쟁을 수행하기 위한 '총후銃後' 기능을 담당하게 된다.

불을 켜려고 전등의 스위치를 비틀게 될 때, 손끝에 전해지는 딱딱한 물체의 감촉은 전쟁이라든지 아니 공습이라는, 타성에 빠진 일상에서 잊었던 그 사실을 상기하게 한다. 요즘 서울에서도 심심찮게 공습경보의 사이렌이 울리곤 했다. 그러면 서울은 순식간에 암흑천지가 되는 것이었다. 어쩌다가 꾸무럭거리거나 잘못되어 불빛이라도 새 나오는 경우가 있으면 경방단원들이 쳐들어와서 집주인을 구타하기 예사, 파출소까지 끌려가는 등 거의 광란의 소동이 벌어지는 것이다. 무시무시한 그 암흑의 세계, 숨 막히는 시간, 도시는 한동안 가사 상태에 빠진다. _《토지》 5부 5편 5장, 동천多天

《토지》의 서사는 철저하게 역사적인 계기와 구체적인 사건들을 '의식하며' 진행된다. 이러한 구성은 역사 속에 실재했던 사건과 인물에 대한 작가의 인식을 보여 준다. 여기에 작가는 자신이 창조해 낸 개인들의 삶의 모습을 새겨 넣음으로써 역사의식을 드러낸다. 이때 '경성'은 허구와 역사적 사실을 접합하는 공간으로 기능한다. 확장과 응축, 번영과 쇠락으로 요약될 수 있는 경성 공간의 이중성은, 《토지》가 지닌 서술상의 특징을 규명하고 식민지 하 일상에 대한 증언으로서 의미를 갖는다. 경성은 당대의 역사적 계기들이 응축된 공간이면서, 다른 한편으로 그러한 역사적 계기들을 확장시킴으로써 중앙으로부터 멀리 떨어진 공간과 인물들을 매개한다.

공간의 이중성,
도시는 그렇게 만들어진다

바닷바람이 부는 항구도시, 왜색문화가 구석구석까지 배어든 부산……
항구에서는 뱃고동이 울려왔고 거리에는 불빛이 화려했다.
고급 상점들이 줄을 잇고 밤하늘에 높이 솟은
미나카이(三中井)의 하얀 건물이 거리를 내려다보고 있었으며
부산에서 가장 번화하고 현란한
나가다도리(永田通リ, 광복동거리)가 있건만
부두 쪽에서, 영도 쪽에서 가장 춥고 배고픈 노동자들이
빈 도시락을 겨드랑이에 끼고 바지주머니 속에 두 손을 찌르고
계속 걸어나오고 있었다.
수많은 노동자들이 지나가고 있었지만 이 거리는
그들의 거리가 아니다.

《토지》 5부 2편 4장, 명정리 동백

'연락連絡'의 도시,
모순의 공간

부산이 근대 도시로 발전한 것은 1876년 강화도조약으로 인천·원산과 함께 개항장이 되면서다. 1902년 이래 중앙동中央洞·초량草梁·부산진釜山鎭 일대의 해면 매립으로 연속된 시가지가 조성되었으며, 1905년 경부선이 개통되면서 제1부두를 비롯한 항만시설 축조가 계속되었다. 그러다 지금처럼 대한민국 제2의 도시이자 제1의 무역항이 될 수 있었던 결정적인 계기는, 1925년 경남 도청이 진주晉州에서 부산으로 이전하면서다. 이후 부산은 경남의 행정·경제·문화 중심지 역할이 부가되어 발전이 가속화되었고, 6·25전쟁 때 임시수도가 되면서 거대도시로 성장하게 된다.

앞의 인용문은 영광이 부산역에 내려서 느낀 감상이다. 영광은 수려한 용모에 거칠고 강한 성격의 소유자로 예술가의 풍모를 보여 주는 인물이다. 사회성이 있다기보다는 오히려 고독과 자폐에 가까운 성격이다. 이 역시 영광의 독특한 매력으로 여성들을 끌어당기고 수많은 스캔들을 만들어 낸다. 반도악극단의 트럼펫 주자로 활동하며 직접 작곡도 할 줄 아는 실력자이며, 만주에선 홍이의 소개로 카바레 연주자로 활동한다.

아마 영광이 학교만 제대로 졸업했다면 그의 이력은 다르게 쓰였을 것이다. 과거 영광은 부산에서 P고보를 다니며 강혜숙과 사귀다 백정의 외손자란 것이 들통나 퇴학을 당했다. 이후 일본에 건너갔다가 "왜놈 노가다패"와의 싸움에 엮여 한쪽 다리는 영영 불구가 되었다. 출신 성분에 대한 증오심과 부모에 대한 원망은 스스로를 길옆으로 밀어낸다.

부산은 영광이 일본에서 돌아온 후에도 공연차 여러 번 왔던 곳이다. 하지만 영광이 느끼는 '부산'에 대한 인상은 왜색문화와 향락, 자본의 논리가 가득한 도시일 뿐이다. 사실《토지》에 등장하는 국내 여러 도시 중 가장 부정적으로 묘사되는 공간이 부산이다. 박경리는 하동, 진주, 통영 등 다른 공간들을 등장시킬 때는 나름의 역사성에 의미를 부여하고, 풍속과 지리에 대해서도 자세한 해설을 제공한다. 그 공간에 여러 인물들이 자리를 잡기도 하고 스쳐 가며 사건이 벌어지고 서사가 채워진다.

하지만 부산은 사건의 직접적인 현장이거나 주요 인물들의 거점이라기보다는 '부산' 자체가 하나의 캐릭터인 것처럼 보인다.《토지》속 부산의 캐릭터는 일제 침략의 전진기지이자, 대륙 진출의 교두보이다. 부산은 진주가 가진 역사성이나 통영이 가지고 있는 자긍심은 찾아보기 힘든 천박한 자본의 논리가 지배하는 도시로 그려

부산 최초의 백화점 미나카이백화점(三中井百貨店). 현재 롯데백화점 광복점 자리다.

1937년 9월, 부지 700평에 5층 건물로 개관한 미나카이는 당시만 해도 부산에서 가장 높은 건물로 두 대의 엘리베이터를 운영했다. 사람들은 엘리베이터를 타기 위해 백화점에 가기도 했다. 원래 1917년 미나카이 부산지점이 문을 열었으나 '백화점' 규모는 아니었고, 1933년 경성 본점을 증축하면서 전국 각지의 지점을 확장 개장하였다. 취급 품목은 오복吳服(기모노), 양복과 식료품, 서양 가구 등 잡화와 주방 및 철물 용구, 완구, 문방구, 운동기구, 서적, 귀금속, 악기, 시계, 미술품 등 백화점의 구색을 갖추고 있었다. 일제강점기 인기 품목이었던 조미료 아지노모토(味の素)와 모리나가(森永) 캐러멜도 백화점에서 구입할 수 있었다.

당시의 백화점은 일본의 유행과 라이프 스타일을 전파하는 첨병 역할을 하였다. 일반인들을 대상으로 한 판매뿐 아니라 관청이나 회사 납품도 했으며, 5층에는 유원시설인 목마, 요지경 등 각종 놀이시설이 있었다. 미나카이백화점은 1945년 일본 패전 직전까지 서울, 평양, 부산, 대구, 대전 등 국내 주요 도시에 12개 지점을 운영하였으며, 만주국의 수도였던 신경新京(창춘)과 하얼빈, 베이징과 난징(남경)까지 진출하였다. (출처: 부산근대역사관)

진다. "동경의 거리가 조선인인 영광의 거리가 아니었던 것처럼", 부산 역시 조선 땅이되 "조선인 노동자들의 거리"는 아니다.

작가 박경리에게 '부산의 캐릭터'는 일제강점기를 지나도 크게 변하지 않는다. 《토지》 외에 박경리의 소설 중 부산을 주요 배경으로 설정한 작품이 장편 《파시》이다. 이 작품은 6·25전쟁 중인 1951년 통영과 부산을 주요 배경으로 하고 있다. 《토지》를 연재하기 5년 전인 1964년에 발표했다.

> 노랑 광물질의 가루가 무수히 뿌려진 듯, 하루가 겨운 도시에 일몰이 오려고 한다. 전차와 버스, 트럭이 쉴 새 없이 지나가는, 사람은 많아도 메마른 거리, 광복동 쪽에 화려한 사람들의 물결이 보인다. 영도다리 쪽에서는 노동자와 피란민들의 배고프고 지친 얼굴들이 느릿느릿 걸어 나온다. 그들의 판잣집으로 돌아가는 것일까?
>
> _〈박 의사〉, 《파시》

일제강점기 부산의 모습이나, 해방 후 전쟁통의 모습이나 별반 다를 게 없다. 자본을 등에 업은 화려한 도시와 비참한 노동자의 실상은 시대만 다를 뿐 그대로 오버랩된다. 《파시》에서도 부산과 짝을 이루는 '통영'은 전혀 다르게 그려진다. 다음은 부산으로 가자는 '서울댁'의 성화에 대한 조만섭의 대답이다.

"다, 소용없어. 당신이 아무리 그래도 나는 부산 가서 안 살아. 이리 좋은 데가 어디 있을라고, 퍼덕퍼덕 뛰는 생선이 사시장철 있지,

인심 좋겠다 경치 좋고 기후 좋고. 나도 한때는 상해, 북경을 휩쓸고
댕겨봤지만 내 고향같이 좋은 데는 없더라. 뭐니 뭐니해도 아직은
울타리 너머로 음식 갈라 먹고 안 사나. 정말 부산은 눈 없으면 코
빼먹을 곳이지. 난리통에 팔도 깍쟁이들이 다 모여서 환장 속이라
거기선 정말 못 살겠더라." _〈기항자寄港者〉, 《파시》

조만섭의 진술처럼 부산은 팔도 각지에서 모여든 피난민들로 인
심이 험악하고, 사회질서가 매우 혼란스러운 공간이다. 실제 월남
하여 부산에서 식모살이를 하던 '수옥'은 강간을 당해 통영으로 피
신한다. '학자'는 통영에서 부산으로 가서 술집 종업원이 되고 자
신의 육체를 감정과 상관없이 부린다. 젊고 아름다운 수옥의 부
침과 학자의 타락은 모두 피난지 부산의 무질서와 문란한 풍조를
대변한다. 학자의 경우가 그러하듯, 전시의 부산은 아프레걸après-
girl(전후 신여성)의 성의식 변화와 일탈을 보여 주기에도 적절한 공
간이 된다.

부산의 부정적 이미지는 자본의 위력으로 증폭된다. 물신주의,
한탕주의가 만연한 전시의 부산은 "돈독이 올라서 얼굴이 누렇게
뜬 젊은 놈과 여편네"가 천지인 "요지경 세상"이다. 6 · 25전쟁 당시
부산은 인적 · 물적 자원이 집결된 공간이다. 피난민에 대한 구호물
자와 미군 PX에서 나온 군수물자, 밀수로 들어온 물건까지 더해져
오히려 전쟁 이전보다 풍요롭고 화려해진 것처럼 보였다. 미국의
원조로 경제 흐름에 활기를 띨 수 있었고, 불법과 부조리를 통해 새

VIEW OF THE FAMOUS PLACE, FUSAN.
船 路 連 釜 圖

부산과 시모노세키를 오가던 관부연락선 '경복환慶福丸'이 부산 잔교에 접안하는 모습.
부산항 개항 직후에는 대형 선박이 접안할 수 있는 시설이 없어 여객 승하선 시설도 미비
하였다. 관부關釜연락선이라 불린 부산–시모노세키 간 연락선은 1905년 9월에 개설되었
다. 시모노세키에 도착한 연락선은 고베–도쿄를 잇는 산요선(山陽線) 및 도카이도선(東海
道線) 등과 연결되었다. 관부연락선의 운항 시간은 처음에 11시간 정도였다가, 1930년대
중반에 8시간 내외로 단축되었다. 부산에 도착한 연락선은 경부선, 경의선을 거쳐 만주의
안봉선, 남만주철도, 시베리아철도 등과 접속하여 일제의 대륙 진출을 위한 주요 혈관이
되었다. '여객선旅客船'이라 하지 않고 '연락선連絡船'으로 불린 이유는, '내지內地 일본
과 조선의 철로를 연결하는 배'라는 의미를 강조하기 위한 것이었다.
일제강점기 관부연락선과 경부선의 '연락連絡'을 극적으로 보여 주는 작품이 염상섭의
소설《만세전萬歲前》(1924)이다. 연재될 당시에는 '묘지'라는 제목이었다. 작가는 조선의
실상을 '구더기가 들끓는 묘지'에 비유하였다. 하지만 단행본으로 출간하면서 '3·1 만
세운동 이전'이란 의미를 살려 '만세전'으로 제목을 바꿨다. 이 작품은 3·1운동 직전인
1918년 겨울을 시간적 배경으로, 도쿄(東京)–고베(神戶)–시모노세키(下關)–부산–김천–대
전–서울로 이어지는 기행적 구조로 되어 있다. 이 작품은 시모노세키에서 연락선을 타
면서부터 일본인 형사에게 당한 모욕적인 행위를 비롯하여, 관부연락선의 목욕탕 안에서
일본인 상인들이 자랑스럽게 늘어놓는 인신매매 이야기, 친일파들의 비굴한 모습 등 귀
국하는 동안 목격한 여러 실상을 실감나게 묘사하고 있다. (출처: 부산근대역사관)

로운 부를 창출할 수 있었다.

《파시》에서부터 이어진 '부정적 캐릭터'로서의 부산은 《토지》에서 그대로 반복된다. 하지만 《토지》에서 부산은 단지 타락한 공간에 머물지 않는다. 주요 인물들이 만나고 헤어지고 떠나고 다시 돌아오는 공간이 부산역과 부산항으로 설정되어 있다. 1부 마지막에서 서희와 길상을 비롯한 평사리 주민들은 부산항을 통해 청진으로 화륜선을 타고 이동하여 용정으로 탈출한다. 이외에도 홍이, 한복이, 송관수, 그의 아들 영광과 강혜숙, 정석, 조찬하, 오가다 지로, 쇼지 등 많은 인물들이 이런저런 사연을 안고 부산을 경유한다. 그렇게 공간은 확장되고, 다른 공간과 접속한다.

이것이 가능했던 것은 부산을 중심으로 항만과 철도 등의 교통이 발달하고 일본과 교역의 편의성 등이 작용한 까닭이다. 일본은 물자 수송과 일본인의 내륙 이주를 위해 부산에서 서울까지 철도를 건설하였다. 1905년 개통된 경부철도는 1906년 신의주까지 이어졌다. 1912년에는 유럽과 아시아를 연결하는 급행急行 철도가 운행된다. 즉, 일본 도쿄(東京)~시모노세키(下關)는 국철, 시모노세키~부산은 부관연락선, 부산~베이징은 직통 열차로 연결되었다. 이 직통 열차는 하얼빈을 거쳐 시베리아철도로 연결되어 모스크바와 베를린까지 연결되었다. 1915년에는 부산진과 동래 온천장 사이에 전차가 개통되었으며, 이듬해 시내 전차도 운행을 개시했다.

근대의 시점에서 부산은 모순된 공간이었다. 1876년 가장 먼저 개항한 부산은 지리상 외국의 문물을 받아들이기에 최적의 공간이었다. 수많은 조선의 청년들이 부산을 기점으로 하여 청운의 꿈을 안고 유학을 떠났다. 그렇게 근대적 지식과 문명이 부산을 거쳐 국내로 유입되었다. 최초의 상수도와 통신 설비, 일본의 최신 유행이 가장 먼저 상륙한 곳도 부산이다. 조선이 세계 경제 시스템에 본격적으로 편입되기 시작한 것도 부산의 근대 도시로의 발전과 보폭을 같이한다.

하지만 일본 제국주의가 조선 침략의 첫발을 내디딘 곳도 부산이다. 서구 문명이 일본이라는 필터를 거쳐 조선에 이식된 첫 공간이었다. 부산은 일찍이 근대화 공간으로 탈바꿈하게 되지만, 이를 위해 치러야 하는 대가는 분명했다. 일본식 서구 문명의 세례를 받은 부산은 겉으로는 화려했지만, 그 이면에는 조선인들의 고통과 슬픔, 서러움, 궁핍, 절망이 놓여 있었다. 특히 일제 말을 다루고 있는《토지》의 5부에 이르면 부산은 일제의 침략과 수탈, 억압을 상징하는 공간, 퇴폐와 향락, 자본의 논리가 지배하는 공간으로 형상화된다.

"두고 보자", 저항과 투쟁의 논리

일본 제국주의가 식민지 조선을 넘어 중국 본토와 남방에 이르기까지 세력을 확장해 가면서, 유독 조선인들에게 더 가혹하고 잔인하게 굴었던 이유는 무엇일까? 여러 가지 이유가 있겠지만, 그중 하나가 우리의 '두고 보자' 정신 때문이 아닐까? 저들이 볼 때는 한낱 무지렁이, 시골 촌부일 뿐인데 왠지 만만치가 않다. 두들겨 맞고 고문을 당하고도, 경찰서 문을 나서며 "퉤에! 두고 보자!" 하는 조선인들을 이해하기 힘들었을 것이다. 뒷조사를 해 봐도 별다른 뒷배가 나오지 않는다. 무릎은 꿇었는데 그 눈빛이 마음에 들지 않는다. 저놈 저거가만 놔두면 또 무슨 일을 벌일지 모른다. 사실 일본인들은 조선인들이 두려웠던 것이다.

부산에 자리 잡은 일본인 업주들은 조선의 부두 노동자들을 "개만큼도 취급"하지 않고, "감독놈이 점심을 날라온 마누라를 욕보이기"도 했다. 조선의 노동자들은 "일 없는 날에는 밥 굶기 일쑤고 걸인이 되기도 하고, 딸을 청루靑樓에 팔아먹기"까지 했다. 그러나 일제가 부산을 침략과 수탈의 근거로 삼고 그들의 인권 유린과 잔인한 횡포가 극에 달했을 때, 조선인들의 저항 의식과 투쟁심도 활활 불타오르고 있었다. 《토지》에서는 송관수, 김강쇠, 정석과 같은 인물이 그 중심에 배치된다.

백정의 사위였던 관수는 1920년대 진주를 중심으로 펼쳐진 형평사 운동에 주도적으로 참여하였다. 계급투쟁 성격으로 시작된 형평사 운동은, 사회주의 진영이 가담하면서 자연스럽게 항일운동으로 변모하여 간다. 당시 관수는 일본 경찰의 눈을 피해 부산으로 이주한다. 관수가 부산으로 향한 또 다른 이유는 아들 영광을 상급학교에 진학시키기 위해서다. 형평사 운동이 자식들에게 공교육을 보장하라는 백정들의 주장과 그것을 거부하는 시민들의 충돌로 시작됐음을 상기할 때, 부산 이주는 신분을 감추고 교육 받을 수 있는 선택지이기도 했다. 그렇게 부산으로 터전을 옮긴 관수는 노동자들의 투쟁 역량을 규합해 나간다.

송관수의 사회주의란 지극히 단순하고 명료했다. 그네들 식자가 말하는 남의 나라의 사상이라는 것도 대충 듣고 보니 동학의 실천적 요강과 그리 먼 것 같지 않게 생각되었으며 사실 동학의 실천적 요강이라는 것도, 그야말로 요강이었는데도 불구하고 송관수가 파악한 것은 그보다 훨씬 더 간략했으며 뼈다귀만 추려낸 것이었다. 그에게는 교리 같은 것은 도통 관심이 없었고 복잡할 필요도 없었다. 세상을 바꾸어놔야 한다는 것, 배고프고 핍박받는 사람이 없어야 한다는 것, 그것이 그의 정열의 모든 것이었다. 어쨌거나 송관수는 발바닥에 불이 날 지경으로 돌아다니며 노동 현장에 잠입하여 부산 부두의 파업을 비롯해서 기타 크고 작은 일에 개입하고 측면 지원을 했다. 식자층도 쑤시고 다니며 은근히 충동질하고 유인했으며, 또 수삼차 한복이를 만주로 보내어 그곳과도 길을 트면서 조직의 형체를 확장해 가면서 길상의 출옥을 기다리고 있었던 것이다. 그러고 보면 송관수가 차지하고 있었던 자리는 결코 작은 것이 아니었다. 그가 없는 빈자리는 메울 수 없을 만큼 컸다는 것을 사람들은 느끼게 되었다. _《토지》 5부 1편 6장, 해체

한편, 동학 잔당 모임에서 조연 역할에 머물던 강쇠는 부산에서

주연으로 활약한다. 강쇠는 김환의 심복이었다. 지리산 화전민 출신의 숯 굽던 천민이었던 그는 김환을 만나 동학운동에 투신한다. 작품 속에서는 덩치가 크고 사팔눈이며 순박하고 의리 있는 인물로 그려진다. 브레인이라기보다는 행동대장에 가까웠던 강쇠는 부산 부두노동자운동을 비밀리에 조직해 나간다. 강쇠는 대사大事를 앞두고 재수 없게 길거리에서 일본인과 시비가 붙어 경찰서에서 며칠 동안 물고를 받고 풀려난다. 그때도 강쇠는 "'오냐, 내가 눈 감기 전에는, 내 목심이 붙어 있는 동안에는 네놈들하고 대항하겠다.' 마음속으로 뜨겁게 맹세"를 다진다. 그리고 실제 부두노동자운동에서 자신의 캐릭터에 부합하는 장점을 살려 단단하게 조직을 끌고 나간다. 예컨대 이런 식이다.

갖은 신산을 맛보고 철새같이 모여든 부두 노동자들, 한 가락씩 하는 거칠고 배짱 좋은 사내들, 연공을 쌓아 이력이 난 강쇠는 그들의 마음을 사로잡는 데 힘들지 않았다. 상당한 내부조직은 강쇠의 공적이었던 것이다. 누구나 쉽게 알아들을 수 있는 언변으로, 소박하고 단순한 행동으로, 자제와 지구력, 그리고 힘센 주먹, 사팔뜨기 눈을 부릅뜨면은 거칠고 황폐해진 그곳 사나이들은 복종 아닌 미묘한 사랑을 느끼는 것이었다. 우리 다 서러운 놈들끼리, 흔히 하는 강쇠의 말투는 어느덧 우리 다 서러운 놈들끼리, 그들의 말투가 되었으며, 미약하나마 앞날의 등불 같은 것을 그들은 느끼곤 했었다. 그것은 산에서 나서 산에서 살아온 생래의 순박한 것, 환이를 통하여

부단히 훈련받고 합당하게 굳어진 생각, 그리고 환이를 잃어 사무친 비애, 그런 것이 저도 모르게 배어난 인간적 매력으로, 성실한 투지로, 옳다고 믿게 하는 것으로, 우리 편이라는 친애감으로 사람들 마음을 사로잡았을 것이다. _《토지》 3부 4편 14장, 쫓기는 사람들

결과적으로 관수와 강쇠 중심으로 진행된 부산 부두노동자운동은 실패로 끝나고 만다. 하지만 강쇠는 절망하거나 좌절하기보다는 "불씨 하나 던진 것"이라고 말한다. 표면적으로는 실패하였지만 노동자들 마음에 심어 놓은 저항의 불씨는 언제든 다시 타오를 수 있을 것이라는 낙관적 전망이었다.

8

만주와 하얼빈

고토 회복의 의지,
동포에 대한 헌사 獻辭

강이 풀리어 뗏목이 흘러가던 해란강

새 풀이 돋아나 싱그러웠고 햇볕이 따스했다.

어디선지 노랫소리가 들려왔다. 선구자, 노래는 선구자였다.

소년들은 목이 터져라 노래를 부르고 있었다.

어떤 소년은 강물을 향해 돌팔매질을 하면서 노래를 부르고 있었다.

"지난날 강가에서 말 달리던 선구자아

지금은 어느 곳에 거친 꿈이 깊었었나……"

오래간만에 인실은 울었다.

_《토지》 4부 5편 3장, 인실의 변신

왕년에 우리는,
재만在滿 동포에 대한 헌사

망명한 조선인들에게 용정촌은 지역적으로나 심정적으로 베이스캠프 같은 곳이었다. 이곳을 발판 삼아 각자의 목표를 찾아 길을 나섰다. 인실은 용정 해란강에서 눈물을 흘린 후 하얼빈으로 떠난다. 소년들이 불러 준 〈선구자〉는 그녀를 "나락과도 같은 죄의식"에서 벗어나 자신을 되찾도록 해 주었다. 하얼빈으로 온 인실은 일면식도 없는 송장환을 찾아가 단도직입, "조직 속에서 일하고 싶다"고 말한다. 인실다운 전개이다.

유인실, 일본명은 히토미. 콧날은 날카롭고 알맞게 짙은 범눈썹을 가진 보이시한 인상으로 그려진다. 얼핏 보면 "수수한 옷차림에 화장기라곤 없고 여위어서 쓰러질 것" 같은 모습이다. 하지만 용정의 권노인은 인실에게서 서희가 가진 고귀함과 강인함을 읽는다. 인실은 자의식이 강하고 식민지 현실에 대한 문제의식도 분명한 신여성으로 실천력까지 겸비하고 있다. 계명회 사건에 연루되어 길상

하얼빈 성 소피아 성당과 만주국 시절 허공로의 모습.

성 소피아 성당St. Sophia Church은 1903년 제정 러시아의 보병사단이 하얼빈에 들어오면서 러시아 병사들을 위해 지은 러시아정교회 성당이다. 1907년 나무 구조로 지었다가, 1932년 벽돌로 재건축하였다. 높이 53.35미터로 동아시아 최대 규모를 자랑한다. 현재 예배당으로는 사용하지 않으며, 하얼빈시와 중국이 대표적인 예술적 건축물로 관리하며 전시관으로 활용하고 있다. 성당 안에는 성물聖物 외에도 하얼빈의 역사를 돌아볼 수 있는 오래된 흑백사진들이 전시되어 있다. 위 허공로 사진도 소피아 성당에 전시되어 있는 것이다. 서양식 건물을 배경으로 인력거가 손님을 기다리며 줄지어 서 있다. 현재는 '허공로'라는 지명은 사용하지 않으며 '도외구'로 불린다.

《토지》 3부 하얼빈 이야기는 주로 허공로의 심운회 형제들이 운영하는 운회약국과 레스토랑 '흑룡'을 중심으로 독립운동가들의 비밀 모임에 초점을 맞추고 있다. 쎄리판 심으로 통하는 심운회는 러시아에 귀화한 조선인으로 약종상으로 크게 성공한 심운구의 동생이다. 그는 이범윤과 손을 잡고 최재형의 도움을 얻어 청부업자로서 상당한 부를 축적하며, 이 돈으로 드러나지 않게 독립운동을 지원한다. 성 소피아 성당은 최근 성당 내부뿐 아니라 성당 앞 광장도 재정비하여 종교와 상관없이 많은 관광객들이 찾는 명소가 되었다.

과 함께 옥살이를 하지만, 그녀를 자살 충동까지 몰고 갔던 "나락 같은 죄의식"은 계명회 사건과는 무관하다. 그것은 다름 아닌 적국敵國 일본의 남자에게 순결을 바치고 아이를 낳았다는 사실과 연결된다. 하지만 이제 그녀는 "집요한 자신"과 작별하고 다시 조직의 일원으로 돌아온다.

박경리는 《토지》 4부의 연재를 마치고 5부 연재를 앞둔 1989년 중국 여행을 떠난다. 박경리는 《토지》를 집필하면서 "비로소 중국을 의식했다"고 말하면서도 그때까지 한 번도 현장에 다녀온 적이 없었다. 당시 중국 여행을 결심하고 그는 《토지》 50질을 준비했다. 50질이래도 600권이 넘는 분량이다. 박경리는 "마음 같아서는 100질, 200질 더 많이 가져가고 싶었지만 내 딴에는 줄여서 50질을 준비"했다고 술회한다. 그것은 작가니까 책을 가져간다는 관례적인 행위도, 그렇다고 작품의 평가를 바라는 속된 의도는 더더구나 아니었다. "오랫동안 그토록 긴 세월 헤어져 있던 내 겨레에게 마음을 주고 싶었던" 것이다.

간도와 만주 일대, 그리고 연해주沿海州로 이동해 간 우리 동포들의 얘기를 쓰면서 나는 많이 슬퍼하고 아파했다. 작품의 진행 과정에서 역사적 사실에 부딪칠 때마다 나는 소리 없는 통곡을 하지 않을 수 없었다. 그리고 치열한 독립 정신이 자랑스러웠다. 그곳은 우리 독립운동의 메카이며 대부분 가장 서러운 사람, 핍박받은 사람, 가난한 사람들이 목숨을 잇기 위해 고국산천과 눈물로써 작별하고

강을 건너갔던 곳이며, 민족 수난의 첨예한 현장, 응어리진 산야山野
였다. 기약도 없는 독립을 위해 모포 한 장 등에 지고 끝없는 빙하,
설원을 뛰던 지순한 영혼들이 산화散華한 곳이었다. 역량이 부족하
여 미치지 못한 것이 한두 가지가 아닌 줄은 알고 있으며, 그 세월을
자료만으로 재현하기 어려운 것도 알고 있었지만……

_〈자유를 향한 길목〉, 《만리장성의 나라》.

　박경리는 스스로를 "평생 내 나라 안에서 우리 강산의 고마움을
잊고 염치없이 살아왔다"고 자평한다. 그러면서 "수천 리 밖 남의 땅
에서 은덕 한 번 입은 바 없는 조국을 그리워하는 소박한 심정과 우
리 민족의 원형이 남아 있다는 그들"에게 사과하고 싶고 미안한 마
음이라고 고백한다. 작가의 그러한 마음은 《토지》 2부 이후 간도와
만주 일대를 형상화하면서 그대로 반영된다. 만주 일대를 배경으로
펼쳐지는 이야기는 조국의 독립을 위해 산화한 동포들에 대한 작가
박경리의 헌사獻辭인 것이다.
　《토지》 속 만주의 이야기는 단지 일제의 핍박을 피해 조선인들이
이주해 왔다는 차원을 넘어, 조국의 독립과 잃어버린 고구려·발해
의 영토를 되찾으려는 고토古土 회복의 의지를 보여 준다. 사실 고토
회복의 의지는 작가 개인의 것이 아니라 만주 지역의 정신적 기반이
라고 할 수 있다. "이 넓은 땅덩어리가 고구려 적에는 우리 영토"였음
을 역설하는 상의학교 송장환의 목소리는 작가의 역사의식과도 맞
닿아 있다. 그러나 엄연한 현실은 영광스런 과거와는 다른 모습이다.

백두산 천지에서 발원하여 흐르는 강물은 만주 땅 광활한 들판 거반을 적신다. 하얼빈을 지나 멀리멀리 우수리강과 합류, 노령 하바롭스크까지, 송화강은 가히 만주의 젖줄이며 대지의 생명선, 어머니와도 같은 존재다. …… 강물은 청록빛, 청자靑磁를 빚은 물빛인가, 고구려의 남정네가 이 강물에 그물을 던져 고기를 잡았을 것이다. 고구려의 아낙이 이 강가에서 빨래를 했을 것이다. 지난날은 모두 아름답다고들 한다. 그러나 그날이 설사 질곡의 하늘 밑이라 한들 어찌 오늘만 할 것인가. 그 옛날 나라의 기틀을 잡아주고, 무지몽매하여 고구려에서 보낸 국서國書도 오직 읽는 이가 왕인王仁의 자손 한 사람뿐이었다든지, 그런 그들에게 지식을 전달해주고, 죽통에 밥 담아 먹는 그들에게 도예를 가르치고 불상을 바다에 띄워 보내주고 그렇게 예술을 전수해주었는데 우리는 지금 저들에게 야만족으로 매도되고 있다. 금치산자禁治産者로 선고받은 것이다. 어느 나라 지도에도 조선은 없고 조선이라는 나라는 없는 것이다.

_《토지》 5부 1편 1장, 신경新京의 달

영웅과 보통 사람들의
역사 이야기

《토지》의 2부는 서희와 평사리 주민들의 간도 이주로부터 시작된다. 하지만 이후 공간은 용정에만 머무는 것이 아니라 훈춘, 하얼빈,

장춘(신경), 연해주 지역으로 확장된다. 이곳에 권필응, 송장환, 장인걸, 심운회 등의 독립운동가들이 새로이 등장하여 이야기는 최씨 가문의 이야기를 넘어 민족의 이야기로 확장된다. 작가가 창조해 낸 허구적 인물뿐 아니라 안중근, 홍범도, 김약연, 김원봉, 김좌진, 최재형 등의 실존하는 역사적 인물들과 안중근의 이등박문(伊藤博文) 저격(1909), 이르크츠크파 공산당 조직(1918), 신흥강습소新興講習所 설립(1919), 해삼위海蔘威 조선인 학살사건(1920), 제남濟南사건(1928), 대전자령大甸子嶺 전투(1933), 만보산萬寶山 사건(1931), 만주사변(1931), 서안西安사건(1936), 중일전쟁(1937), 남경대학살(1937) 등이 인물들의 대화와 토론, 화자의 내레이션을 통해 환기된다.

이 중에서도 특히 여러 인물들의 입을 통해 호출되는 사건이 안중근의 이등박문(이토 히로부미) 저격 사건이다. 1909년 10월 26일 하얼빈역, 안중근은 대한의용군 사령의 자격으로 특별열차 편으로 도착한 이등박문을 저격하였다. 《토지》에 이 사건에 대한 직접적인 묘사는 나오지 않는다. 상의학교 교사인 송장환은 술에 취해 "앞으로 몇십 명, 몇백 명의 안중근 의사가 쏟아져 나올 것"이라고 주정 아닌 주정을 하는데, 이는 재만 조선인뿐 아니라 조국의 독립을 바라는 모든 식민지 조선인의 바람이었다.

안중근 의사의 순국 후 이 사건이 남아 있는 보통 사람들에게 끼친 영향을 가장 극적으로 보여 주는 인물이 유인승이다. 그는 이상현의 지인인 이홍종의 외사촌으로, 전체 서사에서 별다른 비중이 없는 엑스트라처럼 보이는 인물이다. 작품에서 그의 유일한 역할은

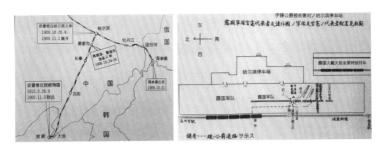

〈안중근 의사 의거 경로〉와 〈안중근 의사 의거 현장 표시도〉. (출처: 《安重根和哈尔浜》, 黑龍江朝鮮民族出版社)

포스트 안중근 시절에 보통 사람들의 마음이 어땠을지를 보여 주는 것이다. 그것으로 충분하다.

　유인승은 가는 몸매에 하얀 얼굴로 누가 봐도 약골 캐릭터에, 친구들이 '인순 아씨'라고 부를 정도의 성정을 가지고 있다. 그랬던 그가 달라진 것은 안중근 의사의 이등박문 저격 사건이 터지고부터다. 주눅이 들어 말도 못 하던 그가 떠들기 시작했고, 술을 마시기 시작했고, 흥분하고 눈에 핏발을 세우며 표정이 달라진 것이다. 방바닥을 치고 통곡을 하는가 하면, 소리 없이 눈물을 줄줄 흘리며 넋두린지 혼잣말인지 시부렁거리기까지 한다. 서의돈은 유인승의 그런 모습에 "미친놈! 계집을 상대로 앓는 상사병이라면 그런대로 봐주겠다! 안중근은 사내야, 사내."라고 나무라기까지 한다.

이 무렵 안중근의 사촌 아우 안명근이 독립운동 자금을 모금하다가 밀고로 평양역에서 체포되는 사건이 벌어진다. 이른바 '안악安岳 105인 사건'이다. 처음 600여 명이 체포되었을 때 유인승도 함께 끌려 들어간다. 사실 유인승은 독립운동 조직의 일원도 아니었고, 자금 모집책도 아니었다. 그럴 정도의 위인이 못 되었다. 그런 그가 어쩌다가 체포된 것일까?

유인승이 체포된 이유는 좀 색다른 것이었다. 요릿집에 들어가서 물 마시듯 술을 퍼먹었다는 게 일종의 발작이었고 다음엔 운수 사납게 형사와 맞붙어 용감하게 육탄전까지 벌인 게 발작이었고 독립 만세를 고래고래 소리 지르며 죽은 안중근을 살려내지 않는다면 모두 다 모가지를 댕강댕강 잘라 죽여버리겠다고 악을 쓴 것도 발작이었다. 검거 선풍이 불고 있는 시기, 날 감옥에 데려다다오 하며 부탁한 거나 다름없는 일이었다. 후일 같은 감방에 함께 있다가 풀려나온 사람이 전해준 말에 의할 것 같으면 감옥에서의 유인승은 너무 어이없었다는 것이다. 겁에 질려서 거의 반미치광이였었다는 것이다. 비단 포대기 속에 자란 유인승으로서는 감옥소의 풍경이 바로 죽음의 현장으로 보였을지도 모른다. 결국 조급증과 공포심이 그를 죽게 했다는 것이다. _《토지》 2부 3편 4장, 개화당의 반개화론

안중근 의사의 의거가 어떤 이유로 유인승을 변하게 만들었을까? 심약하던 유인승이 갑자기 변한 이유는 무엇이었을까? 서의돈

안악安岳 105인 사건. 용수를 쓰고 재판정으로 끌려가는 신민회 관련 애국지사들의 모습.

1910년 11월. 그러니까 안중근 의사가 뤼순 감옥에서 사형을 당한 지 1년도 지나지 않은 시점이다. 안중근의 사촌 아우 안명근安明根은 한일병합조약이 강제로 체결되자 서간도로 이주하였다. 이곳에서 국권 회복을 위한 인재 양성을 목표로 무관학교를 설립하고자 자금을 모금한다. 그는 우선 황해도 부호들을 방문, 이원식·신효석으로부터 독립자금을 받아 냈다. 신천 발산鉢山의 민병찬·민영설 등에게도 기부금을 요구했으나, 거절당하자 소지하고 있던 권총으로 위협하며 "조국광복의 큰 뜻을 모르는 자"라고 질책한 뒤 평양으로 떠났다. 민병찬·민영설 등은 즉시 재령 헌병대에 밀고해 안명근은 1910년 12월 평양역에서 일본 경찰에 붙잡혔다. 단순히 독립자금 모금 미수에 그친 사건을 일제는 데라우치(寺内正毅) 총독 암살을 위한 군자금 모금 사건으로 날조, 신민회 관련 인사들을 일제히 검거하기에 이른다. 일제는 잔인한 고문으로 허위자백을 강요하고, 강도 및 강도미수죄·내란미수죄·모살미수죄謀殺未遂罪로 안명근, 김구, 최익형 등 16명을 재판에 회부했다. (출처: 한국학중앙연구원)

은 '상사병'이라고 비아냥댔지만, 추측컨대 유인승에게 안중근은 일
종의 든든한 '빽' 같은 존재가 아니었을까? 죽은 안중근이 살아 있는
유인승의 '빽'이었던 셈인데, '깔보지 마라. 내가 누군지 아느냐? 나
는 안중근과 같은 조선인이다. 안중근이 나의 동포다.' 하는 자긍심
이 있었을 것이다. 그것은 한일 국가대표 축구 경기에서 한국팀이
승리했을 때의 통쾌함이나 뿌듯함과는 비교할 수 없는 자긍심이다.
여기에다 '나야 이렇게 보잘것없고 심약하지만 나의 동포 중에는 네
깟 것들 한 방에 보낼 만한 위인이 있다. 통감이었던 이등박문도 한
방에 보내지 않았느냐? 형사 나부랭이쯤이야' 하는 객기도 있었을
것이다.

하지만 다른 한편으로, 독립운동 발끝에도 쫓아가지 못하면서 요
릿집에서 술이나 마시며 "시부렁거리기나 하는" 자신의 모습에 대
한 자괴감과 독립운동에 투신하는 이들에 대한 부채 의식도 있었을
것이다. 그 모든 것을 감당하기에 유인승은 너무 유약했다. 그렇게
그는 소설에서 퇴장한다. 작품에는 그의 돌연한 변화와 죽음이 극
적으로 형상화되어 있다. 모든 이가 안중근이 되고 윤봉길이 될 수
없을 때, 전선에서 맞서 싸우지 못하고 후방에 남아 생을 부지하고
있는 보통 사람들의 심정이 이와 비슷하지 않았을까?

《토지》가 여타의 역사소설과 다른 지점이 여기다.《토지》는 뚜렷
한 역사적 사건이나 인물이 중심에 놓이지 않는다. 대부분의 사건
은 전언(傳言)과 전문(傳聞), 후일담 형식으로 제시된다. 안중근 의사의
하얼빈 의거도, 안악 105인 사건도 그렇게 제시된다. 이러한 기법을

사용하는 작가의 의도는 기록된 역사를 취사하여 재구성하는 데 있지 않다. 그보다는 역사가 보통 사람들에게 어떻게 체험되고 인식되는지를 탐색하는 데 있다. 작가는 보통 사람들의 삶과 멘탈리티에 초점을 맞춘다. 왕과 영웅들의 이야기가 아닌 일반 민중들의 삶에 카메라를 들이대고 그들의 생활과 의식을 세밀하게 관찰한다. 그들의 이야기, 그들의 삶, 그렇게 얽힌 관계망들, 작은 역사의 페이지들이 한 권의 큰 역사를 만든다. 역사책에는 만리장성을 쌓은 진시황만이 기록되어 있지만, 돌을 하나하나 나르고 쌓아 올린 보통 사람들의 힘과 시간이 만리장성을 쌓은 것이다. 역사는 그렇게 만들어진다.《토지》가 그 성긴 역사의 여백을 채우고 있다.

9

연해주

그곳에 우리가 있었다

연해주의 실정을 볼 것 같으면

현재 어느 곳보다 강력한 무장 투쟁의 기지라 할 수 있다.

반일감정도 가장 치열한 곳으로 거기서는 노유 귀천 차별 없이

친일분자라면 가차 없는 응징을 당해야 했고

밀정들도 발붙이기에 매우 위태로운, 그렇게 단결이 굳은 곳이다.

민족의식의 자연스러운 발로에 따라

조선인으로서의 행동은 자유스러웠다.

낙인처럼 피차 판이한 인종적 외모 탓이었는지도 모른다.

_《토지》 2부 2편 1장, 뱀은 죽어야

'연해주'라는
심상지리心象地理

연해주沿海州, 사전적인 정의는 바닷가에 인접한 지역의 마을이란 뜻이다. 우럭이든 광어든 상관없이 '매운탕'으로 부르는 것처럼, 사실 바닷가 인근 마을은 모두 '연해주'라 불러도 틀리지 않다. 그렇게 따지면 부산, 강릉, 군산, 원산 모두 연해주다. 고을 '주州'를 동네나 마을이 아니라 조금 넓은 지역의 행정구역에 끼워 넣어도 마찬가지다. 그러면 내륙을 제외한 바다를 낀 모든 영토는 '연해주'가 된다. 보통·명사가 아니라 고유명사로 '연해주'라니, 참으로 성의 없는 작명作名이다.

하지만 우리 역사에서 '연해주'란 호칭이 주는 심상지리心象地理 imagined geographies는 결코 간단치 않다. '심상지리'는 탈식민주의 이론에서 주로 호출되는 개념이다. '심상지리'란 "주체가 인식하고 상상함으로써 규정된 어떤 공간에 대한 지리적 인식"을 말한다. 심상지리에 대한 인식은 "인간의 행동 양식을 결정하고 삶을 적극적으로 구성하는 중요한 요인"이 된다. 근대 이후의 심상지리 형성 과정

연해주는 두만강 위쪽 동해에 인접한 러시아 영토이다. 면적은 16만 5,900제곱킬로미터로 한국의 약 1.6배, 해안선만 1,350킬로미터나 된다. 이러한 지리적 특성으로 러시아에서는 프리모르스키Примóрский край주라고 부른다. '프리모르스키'란 '바다와 인접해 있다'는 의미다. 우리가 부르는 '연해주'란 지명은 러시아어를 그대로 훈차訓借한 것이다. 지리적으로 북서쪽은 중국 동베이東北 지방, 남서쪽은 북한에 접하고, 남동쪽은 동해에 면해 있다. 대표적인 도시는 블라디보스토크Владивосток('동방을 지배하라'는 의미)로, 중국에서는 블라디보스토크를 만주어 ᡥᠠᡳᡧᡝᠨᠸᠠᡳ(Haišenwai)에서 유래한 '해삼위海參崴'라 부른다. 블라디보스토크는 시베리아 횡단열차의 태평양 연안 종착지이기도 하다. 현재 인천에서 블라디보스토크까지 직항이 개설되어 있어 2시간이면 도착한다. 국내에서 닿을 수 있는 가장 가까운 유럽인 셈이다. 최근에는 한국인 관광객들이 역사투어 혹은 밀리터리 투어로 많이 찾는다.

연해주에는 구한말부터 한인(고려인)들이 많이 이주하여 살았다. 1869년에는 대기근으로 조선인들의 이주가 급증하며 인구가 1만 명 이상으로 늘어났다. 1910년대 이후 블라디보스토크에 '신한촌'이라는 한인 거주지가 형성되었는데, 그 숫자가 6만 3천여 명에 이르렀다. 당시 일제 하 경성부의 인구가 27만여 명이었음을 감안하면 엄청난 규모다. 이러한 영향으로 이곳은 항일 독립운동과 혁명운동의 본거지 역할을 담당하였다. 1999년에는 3·1운동 80주년을 맞아 한민족연구소가 하바롭스카야 거리에 기념비를 건립하였다. 연해주의 독립운동과 관련하여 박경리는 실존 인물 최재형(1860~1920)을 등장시켜 이동진을 그의 집에 2년 가까이 기식寄食하는 것으로 설정하고 있다. 《토지》에서 역사상의 실존 인물과 허구적 인물이 접속하는 몇 안 되는 사례 중 하나이다. 쎄리판 심으로 불리는 심운회가 이곳을 배경으로 서사에 참여하며, 혜관 스님과 주갑도 연해주를 경유한다.

은, "제국과 식민지의 체험으로부터 비롯한 지정학적 혼란으로부터 질서를 구축하고 공동체의 자기 정체성을 정의하는 데에 반드시 거쳐야 했던 과정"이었다. 그것은 근대적인 의미의 '민족주의의 형성 과정'이기도 했던 것이다.

'연해주'라는 용어가 가지는 뜨뜻미지근한 모호함. 중국인지, 러시아인지, 한국 영토인지도 헷갈리는 두루뭉술함은, 달리 말하면 이 공간이 역사적으로 그만큼 부침이 심했다는 것을 방증한다. 이 지역은 고대에는 발해의 영토였으며, 조선 후기에는 청나라가 러시아와 싸울 때 조선에게 원군을 요청하여 두 차례나 정벌을 나선 곳이기도 하다. 무엇보다 연해주는 구한말 이래 우리 동포들의 주요 망명지가 되어 항일 독립운동의 거점이 된 곳이다. 일제의 한반도 침략 이후 국내 활동이 어려워진 한인 디아스포라diaspora들은 연해주로 이주하여 항일 무장투쟁에 자발적·헌신적으로 참여하였다. 당시 연해주의 상황을 작가는 다음과 같이 정리한다.

연해주沿海州는 국경에 가까운 곳이며 조선에서 이민해 간 거레들이 많이 살고 있었다. 그렇다고는 하지만 남의 나라, 여러 민족들이 잡거하되 백인종의 땅인 것은 틀림없고 오랜 세월을 조선과는 거의 접촉이나 교류를 꾀한 일조차 없이 생활권은 차단된 채 전혀 이질異質의 문화와 종교와 역사를 가진 땅으로서 비록 연해주가 그 나라에서는 망각된 시베리아 일부에 지나지 않는다 하더라도 동양과 서양에 걸쳐 국토나 국력이 비할 수 없이 막강한 제정 러시아의 영토인 것이다. 사철이 음산한 바람과 빛깔에 덮여 있는 것 같았고 두텁고 무거운 외투 자락과 털모자와 썰매의 북국北國에서 이동진은 그네들의 문물제도를 착잡한 마음으로 바라보았다. …… 외줄기 가늘디가는 황톳길에 흙먼지를 날리며 가난한 등짐장수가 지나가던 땅, 척박한 포전圃田을 쪼는 농민들이 살고 있는 그 땅덩어리가 가지는 의미였던 것이다. 국호國號는 비대해져서 대한제국大韓帝國이요 왕은 황제로, 왕세자는 황태자로 승격한 동방의 조그마한 반도를, 어마어마한 현판 뒤에서 찌그러져가고 있는 초옥과 다름없는 나라의 주권主權을 생각했던 것이다. _《토지》 1부 4편 7장, 주막에서 만난 늙은이

1864년 연해주 '지신허'에서 시작된 이주 한인의 정착은 이후 연추, 수청, 블라디보스토크, 우수리스크 등으로 확대되었다. 공간의 확장만큼 한인의 숫자도 늘어났다. 기록에 따르면, 1900년을 넘으면서 10만 명에 가까웠던 디아스포라의 수는 1919년 3·1운동 때에는 30만 명 가까이 늘어났다. 특히 블라디보스토크의 개척리와 '신한촌新韓村'은 대표적인 한인 거주지역이었다.

연해주를 중심으로 진행된 항일 독립투쟁은 을사늑약(1905) 후 최재형의 적극적인 참여와 지원으로 동력을 얻는다. 연해주 의병의 편성은 러일전쟁 직후인 1906년 초에 간도 관리사 이범윤 휘하의 충의대忠義隊를 이끌고 연해주로 망명하면서 촉진되었다. 이범윤은 연추延秋를 중심으로 한 남우수리 지방으로 망명하여, 그곳을 베이스캠프 삼아 장기적인 항일전을 도모하였다. 이범윤의 계획은 최재형

신한촌新韓村 기념탑, 블라디보스토크.

1911년 5월 개척리에 거주하던 한인들이 러시아 당국의 명령으로 이주하여 신한촌이 건설되었다. 신한촌에는 연해주 한인들의 자치기관이던 권업회와 그 기관지인 권업신문사, 신한촌민회, 한민학교, 여성단체인 자혜부인회와 대한여자단, 대한부인회 등이 위치하여 민족운동을 이끌었다. 1917년 러시아혁명 후에는 《신한촌민호》, 《권업신문》을 계승한 한글신문 《한인신보》 등이 발행되었다. 3·1운동 후에는 고조된 항일 분위기를 타고 노인동맹단, 소년애국단, 기독청년회, 부인독립회, 소녀애국단, 일세당, 한인사회당, 대한국민의회 등 각종 단체의 사무소가 위치하여 항일 독립운동의 본거지 역할을 담당하였다.

이러한 신한촌의 역할은 1920년 연해주 주둔 일본군이 자행한 4월참변으로 항일 단체들이 해체되거나 도피할 때까지 계속되었다. 1922년 말 일본군이 철수하고 소비에트 정권이 수립되면서 신한촌은 다시 연해주 한인 사회의 중심지가 되어 스탈린 구락부, 고려도서관, 고려극장 등의 문화기관과 9년제 학교 등 교육기관이 위치해 있었다.

연해주 신한촌 기념탑은 1999년 8월 15일 사단법인 '해외한민족연구소'가 신한촌 건설을 기념하여 그 연혁과 역사적 의의를 새겨 건립한 탑이다. 기념탑은 3개의 큰 기둥과 8개의 작은 돌로 이루어져 있다. 탑에는 "민족의 최고 가치는 자주와 독립이며, 이를 수호하기 위한 투쟁은 민족적 정신"이라는 비문이 새겨져 있다. (출처: 대한민국 임시정부 기념사업회)

의 적극적인 지원을 받으면서 의병 편성으로 이어졌다. 당시 연해주에서는 최재형·유인석·이범윤 등과 함께 안중근도 의병 투쟁을 전개하고 있었다.

《토지》에서 연해주와 관련을 맺으며 항일 독립운동에 적극 참여하는 인물은 이동진이다. 이동진은 연추에서 실존 인물 최재형과 거취를 같이하고 있는 것으로 나온다. 박경리는 이동진을 1863년생으로 설정해 놓았다. 1863년은 공교롭게도 러시아에 한인들이 첫발을 디딘 해이다. 이동진은 청백리의 후손이자 개명한 양반 출신의 개화파 민족주의자이다. 사상적인 면에서는 친구인 최치수가 상민에 대하여 양반의 절대 권위를 주장하는 반면, 이동진은 상민을 동정하고 이해하려는 쪽이다. 하지만 계급불필요설을 주장하면서도 유교에 바탕한 근왕정신을 완전히 버리지 못하는 등 사상적 동요를 겪는다. 그는 연해주를 중심으로 독립운동에 참여하다가 결국 연추에서 생을 마감한다. 《토지》 1부에서는 이동진이 연추에서 오는 길에 이범윤을 만나 시국담을 나누는 장면이 형상화되어 있다.

그(이동진)는 연추에서 오는 길에 간도(間島 혹은 墾島)에 들러 국자가局子街에서 만났던 이범윤李範允을 생각하고 있었다. 청인들에게 박해받는 그곳 거류민들의 실정을 살피기 위한 시찰원으로 이범윤은 파견되어 있었다. 그의 형 이범진李範晉에 대해서는, 강원도 춘천서 의병을 일으켰던 이소응李昭應이 심복하는 인물이기는 하나 이동진은 재종 이소응과는 달리 아관파천俄館播遷의 주동이던 이범진에게

호감을 가지지는 않았다. 그리고 친히 접촉할 기회도 없었다. 그러나 이범윤과는 오래전부터 교유가 있었고 화려하다면 화려하다 할 수도 있는 정치적 이력을 지닌 이범진보다 이동진은 그의 아우 이범윤의 사람됨을 높이 사고 있었다. 그 담력이나 결단력에서, 직정적이며 단견短見에 빠지는 일이 없는 면에서도 매끄럽지는 않으나 형보다 그릇이 크다는 것을 이동진은 느끼고 있었다.

"이곳에서의 법이란 곧 주먹이야. 담판을 해야 한다구? 그건 한시절 전의 체면이나마 생각하던 시절의 얘기 아닌가. 이 부사가 내 목을 쳤으면 쳤지 국경을 줄일 수 없노라 했던, 그 시절 말일세."

이 부사란 1887년 도문강圖們江을 중심한 국경 분규로 인한 담판에 감계사勘界使로 참석했던 당시 안변부사安邊府使였던 이중하李重夏다.

"그때만 하여도 호랑이가 담배 먹던 시절이지. 담판 가지고 되는 세상인가? 총 휘두르는 놈이 땅 한치라도 더 먹게 돼 있지. 서울서 군병을 주지 않는다면 할 수 없는 일, 나도 이 부사같이 내 목 내어놓고 사포대私砲隊를 모을 수밖에. 우선 병영兵營을 설치해놓고 힘으로 대항하는 게야. 우리 백성들이 남부여대하여 찾아와서 피땀으로 일궈놓은 땅을 왜 내놔? 어림없는 소리지."

하룻밤을 함께 보내면서 하던 이범윤의 말이었다.

_《토지》 1부 4편 8장, 귀향

허구적 인물 이동진이 역사상의 실존 인물 이범윤과 하룻밤을 지내며 시국담을 나누는 장면이다. 물론 이 장면도 실황이 아닌 이동진의 회고로 제시된다. 여기서 작가는 이범윤의 사람됨을 이동진의 시선을 빌려 높이 평가하고 있다. "그 담력이나 결단력에서, 직정적이며 단견短見에 빠지는 일이 없는 면에서도 매끄럽지는 않으나 형보다 그릇이 크다."는 것이다. 《토지》에는 많은 허구적 인물이 등장하고, 많은 역사상의 실존 인물들이 담론 속에서 혹은 시국담의 소재로 등장한다. 하지만 이 두 유형이 접속하는 경우는 많지 않다. 그런데 예외적으로 연해주로 넘어오면 실존 인물들이 허구적 인물들과 관계를 맺으며 서사에 개입한다. 작가는 그만큼 연해주 지방의 항일 독립운동이 가지는 의미를 적극적으로 드러내고자 했다. 박경리는 지금까지 동북지방, 특히 연해주의 독립운동사가 역사에 제대로 기록되지 않고 평가 받지 못했음을 아쉬워하였다.

만주 일대 연해주에서, 중국, 일본 조선 국내, 그리고 미주, 실로 6개국에 걸쳐 전개한 조선족의 독립투쟁은 세계사에 그리 흔치 않은 일이다. 이 흔치 않은 일이 왜소하게 축소되고 왜곡되어 우리가 민족혼에 대해 얘기하면 퇴물들의 공염불쯤으로 치부하는 현실은 미래를 위해 과연 옳은가?

러시아 혁명 후 기라성 같은 우리의 투사들은 간접이든 직접이든, 타의든 자의든 간에 공산주의 세례를 거의 모두가 받은 것은 엄연한 그 당시의 현실이었다. 활동 무대가 북방일 수밖에 없었고, 국제정세도 식민정책이 팽배해 있어서 고립무원孤立無援이던 독립군이 기대 볼 곳은 소련밖에 없었다. 이념에의 투신이기보다는 독립을 전제로 한 민족주의의 활로였던 것이다. 대립하면서 합작하면서 상쟁하면서, 그러나 어쩔 수 없이 한 고리에 묶였던 그간의 사정을 도외시하고서 사회주의에 관한 것이면 생략하고 비중 큰 인물들도 묻어버리고······.

연해주의 경우도 마찬가지, 한때는 독립운동의 본서지였고 가장 단결이 잘되었으며 밀정들이 발붙이지 못했던 곳이다. 몇 달 전이었는지 연해주를 돌아본 어떤 특파원 글에 권필응(《토지》의 등장인물로, 연해주에서 활동한 독립투사)과 같은 사람을 연해주 도처에서 볼 수 있었다는 구절이 있었다. 그것을 읽고 나는 보람을 느꼈고 외롭지 않다는 생각을 했지만, 한편 내 필력이 미치지 못함을 깨닫고 부끄럽기도 했다. 아무튼 연해주는 독립투쟁사에서 거의 망각된 곳이 아닌가 싶다. _ 〈대지, 녹색의 바다〉, 《만리장성의 나라》

망각된 역사, 외면했던 역사, 괄호 안에 감추었던 역사를 박경리는 《토지》에서 재현하고 있는 것이다. 한편, 1917년에는 김입·윤해·문창범 등이 시베리아 교포를 망라하여 '전로한족중앙총회全露韓族中央總會'를 조직하였으며, 1918년에는 이동휘·김입 등이 하바롭스크에서 '한인사회당'을 창당하였다. 3·1운동 이후 연해주 지역은 서북간도와 더불어 독립군을 편성하여 무장을 갖추고 항일 전진기지의 역할을 담당하였던 것이다. 특히 서북간도의 독립군에게 공급되는 무기의 대부분이 연해주로부터 조달되었다. 당시 한국과 러시아, 일본의 관계와 무기 조달 과정을 작가는 다음과 같이 설명하고 있다.

조선 의병들의 적극적인 독립투쟁이 전개되는 연해주에 과민한 신경을 써온 일본 당국은 러시아 정부를 상대로 조선 의병의 무장해제, 체포와 소환을 강력히 요구하고 나섰지만, 일본과의 국경분쟁을 원치 않는 러시아 정부로서는 일단 민간인들의 총기 거래, 체류, 조선인들의 여권 검사 등 단속하지 않을 수 없었으나 형식이었을 뿐, 오히려 일로전쟁 때 참전한 러시아군 퇴역 장병들은 많은 동정을 표시하여 이범윤에게 예비병 사단과 총기 탄약을 빌려주겠다는 제안도 있었다고 했으니—그 제안은 정부의 제지로 성사를 못 보았다—게다가 군자금 모금도 활발하였고 헐값으로 일본 군대의 총기보다 월등 우수한 것을 얼마든지 사들일 수 있었던 것도 연해주의 유리한 사정의 하나였다. _《토지》 2부 2편 1장, 뱀은 죽어야

　　이처럼 연해주는 항일 독립운동의 전진기지이자 배후로서 중요한 역할을 담당했다. 원래는 우리 땅이었던 곳, 처음에는 흉년과 기근으로 생계형 이주가 시작됐던 곳, 그렇게 정 붙이고 터 잡고 살던 곳에서 강제 이주를 당할 수밖에 없었던 곳, 그러고 나서 다시 돌아와 뿌리를 내린 곳, 항일 독립운동가들의 든든한 배후가 되어 주던 곳, 원래 자기네 땅이라는 중국, 밀고 내려와 차지한 러시아, 그걸 또 치고 들어오는 일본, 가장 열세일 수밖에 없는 그곳에서 조국 독립을 위해 끈질기고 집요하게 투쟁해 나가는 조선의 디아스포라들…….

　　우리 근대사에서 연해주가 가진 다양한 층위의 이야기들은 한 마디로 정의하기 어렵다. 점령과 각축의 혼란, 아슬아슬한 균형과 감

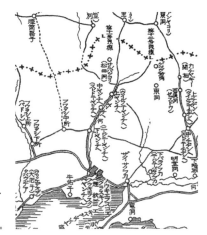

일본군 남우수리스크 지방 첩보 지도.
연추 부근. (출처: 국가보훈처)

당할 수 없는 폭력, 그 속에서 한국인 디아스포라들은 버티고 싸우며 근대사를 관통해 나간다. 그것은 투지와 정신력만으로는 불가능하다. 그런 식의 접근은 가진 것이 없고 승산이 없을 때 여백을 채우는 빛 좋은 개살구일 뿐이다. 군자금도 있어야 하고, 이주 한인에 대한 교육과 훗날을 도모할 학교도 필요하다. 동포들을 규합하고 계몽하며, 선전전을 위해서는 언론의 역할도 중요하다. 무엇보다 큰 그림을 그리고 자본과 인력을 적재적소에 배치할 줄 아는 콘트롤타워의 기능이 절실하다.

여기, 연해주에는 최재형이 있었다.

연해주에서 서쪽 끝으로 이동하여 상트페테르부르크로 가면 박경리를 만날 수 있다. 러시아 상트페테르부르크 국립대학교에는 하동과 원주, 통영에 있는 박경리 동상과 동일한 모습의 동상이 세워져 있다. 좌대의 문구는 조금씩 다른데 2018년 건립된 이 동상에는 박경리의 시 〈삶〉 중에 "슬픔도 기쁨도 왜 이리 찬란한가"라는 마지막 구절이 새겨져 있다. 박경리 작가의 동상이 세워진 동양학부 건물은 고종황제 말기인 1897년부터 1917년까지 한국인 통역관 김병옥이 유럽권 최초로 한국어 강의를 했던 유서 깊은 장소이다. 1897년은 《토지》의 이야기가 출발한 시점이기도 하다. 그곳에 박경리가 간 것이다. 러시아의 국민시인 푸시킨과의 맞트레이드 방식이었던 것인데, 푸시킨의 동상은 서울 중구 롯데호텔 앞에 세워져 있다. 동상에는 "삶이 그대를 속일지라도 슬퍼하거나 노여워하지 말라"라는 우리에게도 익숙한 푸시킨의 시가 새겨져 있다. 두 작가의 시구가 절묘하게 합을 맞추고 있는 셈이다.

초개草芥처럼,
노블리스 오블리주

최재형(1860~1920)은 1869년 시베리아 노우키에프스크(煙秋)로 이주하여 러시아에 귀화하였다. 최재형을 설명하기 위해서는 사업가, 교육자, 군인, 독립운동가, 언론인, 임시정부의 초대 재무총장 등 여러 수식어가 동원되어야 한다. 그 모든 것이 가능했던 것은 '노블리스 오블리주nobless oblige' 정신 덕이다. 사람들은 그가 따뜻한 마음으로 주위를 돌본다 하여 '페치카печка(실내의 난방장치, 벽난로)'란 별명으로 불렀다. 우리말로 풀자면 '연해주의 난로'쯤이 되겠다.

그는 자신이 가진 재산과 지위, 인적 네트워크를 총동원하여 연해주의 동포를 보살피고, 조국의 독립을 위해 아낌없이 지원했다. 최재형은 러일전쟁 특수 때 군납업으로 채 서른 살이 되기도 전에 엄청난 부를 이루었다. 단순한 외적 조건만이 그를 부자로 만든 것은 아니다. 타고난 성실성과 수완으로 러시아인들에게 신뢰를 쌓았고, 어려서부터 익힌 러시아말도 큰 무기였다. 러시아 정부는 그를 도헌都憲으로 임명하기도 하였다. 지금으로 치면 지방정부의 수장쯤 되는 자리다.

최재형은 통역 일부터 도로 공사, 생선과 고기 등 군대 내 식료품 납품 등으로 사업을 확장하였고, 그 과정에서 한인들에게 많은 일자리를 제공하였다. 그는 이렇게 모은 재산으로 한인 학교를 30여 개나 세우고, 공원도 만들었다. 폐간 위기에 빠진 《대동공보大東共報》를

В этом доме с 1919г. по 1920г. жил одни из лидеров
антияпонского национально-освободительного движения
за независимость Кореи и председатель ревизионной комиссии
Никольск-Уссурийской земской управы, почётный председатель
Центрального исполнительного комитета российских корейцев

Чхве Чже Хён
(Петр Семёнович Цой)

최재형의 집
이 집은 연해주의 대표적 항일독립운동가이며
전로한족중앙총회 명예회장으로 활동하였던 최재형 선생이
1919년부터 1920년 4월 일본헌병대에 의해
학살되기 전까지 거주하였던 곳이다.

대한민국 정부는 1962년에 최재형에게 건국훈장 독립장을 추서하였지만 그뿐이었다. 그가 순국하기 전까지 살았던 우수리스크 보로다르스카야 38번지에는 표지판조차 없었다. 그러다가 2010년 한·러 수교 20주년을 기념해 '최재형의 집'이라는 문패를 달았다. 사진은 그때 단 문패이다. 2019년 3월에 비로소 최재형이 마지막까지 거주했던 고택을 매입해 '최재형 기념관'으로 개관하고 집 앞에 동상을 세웠다. 그가 낯선 땅 동포들을 위해, 조국의 독립을 위해 헌신한 것에 비하면 아무것도 아니다. 늦었지만 그의 정신과 업적을 기릴 수 있도록 작은 공간이라도 마련되어 다행이다. 기념관의 입장료 50루블(RUB), 우리 돈으로 750원 정도. 최재형이 민족 공동체에 헌신하고 희생한 것을 생각하면 500루블도 아깝지 않다.

인수하여 격렬한 논조로 일제를 비판하고 독립의식을 고취하는 데 진력하였다.

또한, 안중근과 함께 이토 히로부미 암살을 모의하였는데, 당시 안중근은 최재형의 창고에서 '단지斷指동맹'을 맺고 뒷마당에서 맹렬히 사격 연습을 했다고 전한다. 최재형과 안중근의 연계는 안중근과 함께 활동했던 우덕순,《대동공보》의 주필 이강, 최재형의 딸 올가, 러시아를 무대로 활동하던 독립운동가 이인섭의 기록 등에서 확인할 수 있다. 안중근 의사가 이토 저격에 사용한 브라우닝 권총(FN BROWNING M1900)도 최재형이 구해 준 것이다. 당시 한인들에게 최재형은 정신적인 지주이자 든든한 후원자였다. 얼마나 신망이 두텁고 평판이 좋았는지, 안중근은 "연해주의 집집마다 최재형의 초상화가 걸려 있을 정도"였다고 회고한다. 최재형은 안중근 순국 후에는 그의 가족을 성심껏 돌보아 준다.《토지》에서는 이동진의 관찰을 통해 이런 최재형의 기질과 사람됨을 다음과 같이 설명하고 있다.

실의에 빠졌던 이동진을 그 자포에서 구해준 사람은 러시아 군대의 어용상인으로 연추에서 막대한 자산을 모은 최재형崔在亨 그 사람이었다. 이동진은 2년 가까운 기간 최재형 집에 기식하면서 그의 사람됨을 깊이 관찰할 수 있었는데 이동진 눈에는 아주 희귀한 존재로 비쳤던 것이다. …… 성실과 상재商才 하나로 이역에서 십여 만의 자산을 모은 만큼 갖은 신산을 맛보았을 것을 짐작할 수 있었고 그 경험 탓인지 생각은 치밀하며 자기 응분의 능력을 감안하여 연해주 일대에 흩어져 있는 교포들을 도우면서도 결코 장자풍長者風을 뽐내는 일도 없었다. _ 《토지》 1부 4편 7장, 주막에서 만난 늙은이

국경을 넘어온 한인 중에는 최재형처럼 토지를 소유하거나 러시아 군대 납품으로 부를 축적한 이들이 생겨났다. 그렇다고 해서 누구나 러시아로 귀화할 수 있었던 것은 아니다. 때로는 러시아정교로 개종하는 것을 조건으로 걸기도 했다. 최재형이 안중근 의사의 의거를 도울 당시 하얼빈 한인회 회장 김성백金成伯도 귀화한 러시아인 신분이었다. 그래서 일본 하얼빈 총영사관 경찰에 검거되고도 곧 풀려날 수 있었다. 이렇듯 당시 러시아 입적은 한인 독립운동가들의 생존에 필수 조건이었다. 반일운동을 하는 한인들에게 러시아 국적의 취득은 일제의 압제와 속박에서 벗어날 수 있는 유일한 방도로 여겨졌다.

러시아로 귀화한 조선인 최재형은 자신의 위치에서 할 수 있는 모든 것을 동원하여 조선의 독립을 지원했다. 1908년 4월, 그는 이범진과 함께 독립운동 단체인 '동의회同義會'을 설립하고 초대 총재에 오른다. '동의회'는 동포의 일심一心 동맹을 첫째 방침으로 무장투쟁에 상당한 비중을 두고 활동하였다. 총대장에 이범윤, 안중근을 우영장右營將으로 한 의병대를 창설하였다. 안중근이 이토를 저격하고 재판을 받으며 자신을 전쟁포로로 인정하라고 한 요구는 이 때문이다.

여기서 또 한 명의 실존 인물이 토지의 이야기에 접속된다. 바로

《해조신문海潮新聞》을 창간한 최봉준이다. 최봉준은 무역선 '준창호俊昌號'의 선주이자 우육상牛肉商으로 재산을 축적한 연해주의 거부였다. 그는 최재형과 의형제를 맺을 정도로 친교가 깊은 인물로, 최봉준과 최재형은 당시 연해주 한인 자본을 이끄는 투 톱two top이었다. 《해조신문》은 창간하면서 장지연을 주필로 초빙하였다. 장지연이 을사늑약의 부당성을 비분강개의 논조로 통렬하게 비판한 〈시일야방성대곡是日也放聲大哭〉(《황성신문》 1905년 11월 20일)의 필자임을 상기하면, 《해조신문》의 논조와 편집 방향이 어떤 쪽이었는지 쉽게 짐작할 수 있다.

《해조신문》은 러시아 영내뿐만 아니라 당시의 경성·원산·인천·평양 등지에 지국을 설치하고 '준창호'로 원산항을 거쳐 국내 각지로 보급하였다. 일제 통감부는 《해조신문》이 국내에 들어와 조선인들에게 크게 영향을 미치자, 1908년 국내 판매를 금지하고 신문을 압수하였다. 1908년 4월 이후 2개월 미만에 반포 금지 횟수가 17회, 압수된 부수만 1,569부에 달하였다.

이 시기 의병운동이 교착상태에 빠지고, 일본의 압력이 거세지자 최봉준의 사업도 어려움에 빠질 수밖에 없었다. 최봉준은 일제로부터 독립운동가이자 러시아의 밀정으로 지목된 상태였다. 이에 최봉준은 의병운동은 무리라고 판단하고 계몽운동으로 전략적 변화를 꾀한다. 1908년 연추에 와있던 최봉준은 최재형과 이범윤이 벌이는 의병 활동을 신랄하게 비판한다. 나아가 1909년 의병운동을 폭도로 규정하는 대중 연설을 하고, 공공연히 신문광고를 내어 의병파가 잘

《해조신문海潮新聞》(1908. 2. 26~1908. 5. 26)
《해조신문》은 비록 3개월이라는 짧은 기간 발행하고 폐간되었지만, 해외에서 우리말로
발간한 최초의 일간신문이다. 오른쪽 사진은 신문에 실린 안중근(안응칠) 의사의 글이다.
'히됴신문'이란 제호題號 아래 러시아어가 눈에 띈다. (출처: 독립기념관)

못되었음을 주장한다. 의형제는 고사하고 이제 최재형과 최봉준이
적대적 관계에 놓이게 된 것이다. 당시의 상황을 작가는 다음과 같
이 서술한다.

　　연해주 교포 간에 제일가는 거부 최봉준은 몇 해 전에 그가 출자
　하여《해조신문海潮新聞》이라는 것을 발간한 일이 있었다. 발간 시초

부터 지극히 소극적인 논조였음에도 일본 압력에 2개월을 넘겼을 뿐 폐간해버렸는데 그의 상선商船이 북선 일대를 내왕하며 치부致富에 여념이 없는 이상 일본의 눈치를 살피지 않을 수 없었을 것이다. 그래서 그랬던지 재작년에는 최봉준이 그자가 연추 의병파를 맹렬히 공격하고 나섰던 것이다. 무력항쟁이 무효하다는 언론을 공공연히 자행했던 것이다. _《토지》 2부 2편 1장, 뱀은 죽어야

최봉준은 당시 '꺼삐딴 최Captain Choi'라고 불리며 중국, 일본, 러시아를 상대한 최고의 무역상이었다. 최재형에 대한 평가와 예우는 비교적 최근에 이루어졌음에 반해, 최봉준에 대한 평가는 진작에 이루어졌다. 그에게 비춰진 스포트라이트는 '독립운동가'이기보다 '입지전적 사업가'에 맞춰졌다. 예컨대 80년대 초반 MBC에서 '거부실록' 시리즈를 제작하는데, 그 마지막 편이 〈무역왕 최봉준〉이었다. 물론 그 역시 연해주에서의 언론 활동과 이런저런 독립운동에 대한 지원으로 그 공을 인정받아 해방 후 독립장을 받기도 하였다. 하지만 박경리는 '이런저런 독립운동'보다는 '무역왕' 최봉준에 초점을 맞추고, 연해주 내 지도부의 갈등, 온건파와 강경파의 대립 원인을 최봉준에게서 찾고 있다. 연해주의 두 자본가, 최재형과 최봉준을 대비시키면서 같은 듯 다른 둘의 행보를 극적으로 부각시킨 것이다.

1919년 2월 '전로한족중앙총회'는 이후 '대한국민의회大韓國民議會'로 개칭하면서 노령임시정부露領臨時政府의 형태를 갖추었다. 대통령에 손병희, 부통령에 박영효, 국무총리에 이승만을 내세웠고, 이 지

최재형(러시아명: 최 표트르 세묘노비치, 1860.08.15~1920.04.07.)은 1920년 4월 7일 김이직·황경섭·엄주필 등 3명의 인사들과 함께 재판 없이 총살되었다. 당시 상해에서는 '상해 거류민단' 주최로 3백 명이 참석한 가운데 최재형과 순국한 인사들을 위한 추도회가 개최되었다. 이 추도회에는 대한민국 임시정부의 국무총리 이동휘를 비롯한 각부 총장 전원이 참석하였다고 한다.

이《독립신문》의 기사는 최재형이 총살을 당하고 한 달여가 지난 후의 것이다. 신문 1면 3단 머리기사로 비중 있게 다루고 있다. 시간이 지났음에도 여전히 울분과 통곡의 감정을 표하고 있는 것이다. 기사에서는 최재형을 "용의과감勇毅果敢의 인人이며 기己를 희생하야 동족을 구제하려는 애국적 의협적 열혈이 충일하는 인격자요 겸하야 성誠으로써 인人과 사事를 접접接接하야 민중의 신뢰와 존경을 박博하던 이"라고 소개하고 있다.

그러면서 "우리의 전도前途의 대사업을 위하야 선생과 같은 대인물을 실失하였음을 통석痛惜하고 아울러 우리 의인의 생명을 범한 불의무도不義無道, 잔인야만殘忍野蠻한 왜적倭敵에게 한 번 더 절치切齒의 저주咀呪를 보내노라."라며 일본에 대한 적대의 감정을 여과 없이 드러내며 저주를 퍼붓는다. 기사의 마지막에서는 다음과 같이 동포에게 전하는 당부의 말도 잊지 않았다.

"아아, 대한 동포여. 적은 다시 우리의 의인義人 사위四位의 피를 흘렸도다. 최근 15년 동안 적의 흉인凶刃에 흐른 우리 의인의 피가 얼마뇨. 우리 수령首領과 형제와 자매의 피가 얼마뇨. 반야半夜에 귀를 기울일지어다, 한강의 물과 같이 많은 의인의 피가 지하에서 애곡哀哭함을 들으리라, 규호叫號함을 들으리라. 아아, 동포여, 제군은 무엇으로 이 애곡哀哭하는 의인의 피를 위로하려는가."

역 민족운동의 핵심 인물인 이동휘를 군무총장軍務總長으로 선출했다. 상해 임시정부의 출범보다 한 달여 앞선 시점이었다. 대한국민의회는 지역 한인들의 구심체가 됨으로써 이후 상해 대한민국 임시정부의 탄생으로 이어지는 중요한 디딤돌이 된다. 당시 최재형은 사재를 털어 독립군의 무기 조달을 적극 지원하였다.

1920년 3월 아무르강(흑룡강黑龍江) 하구 니콜라예프스크Nikolayevsk (니항尼港)에서 한인 독립군 부대와 러시아 빨치산이 일본군을 공격하여 일본 영사를 살해하는 '니항 사건'이 발생한다. 《토지》에서는 "성품이 강건하고 다분히 민족주의적인 박엘리야가 이끄는 사할린 부대가 적군계赤軍系 빨치산과 합세하여 일인日人을 전멸시켜 버린 사건"으로 적고 있다. '니항 사건'은 이른바 '4월 참변'의 빌미를 제공하게 되는데, 저간의 복잡한 정황을 소설에서는 일본 영사관에 근무하는 조선인 '최서기'라는 인물을 통해 제시한다.

"사월에 일본군이 해삼위로 쳐들어가서 한민학교와 한민회관에 불을 지르고 조선 사람을 마구잡이로 죽였지만 그것으론 직성이 안 풀릴 거란 말입니다. 듣기론 니콜라예프스크엔 일본인 어부만도 칠팔백이나 있었다니까요. 지금 대련에서 일본은 러시아를 상대로 회담을 하고 있지만 러시아놈들은 되놈보다 더 질기거든요. 아무튼 이번 일을 기해서 연해주 만주 일대의 독립군은 된서리를 맞을 것이 분명하지요. 이 잡듯 들추어낼 것이오. 공연히 서툰 짓을 해가지고 긁어 부스럼 만든 격인데, 우리를 두고 앞잡이니 주구니 하고 욕질을 하던 놈들, 따지고 보면은 독립운동한답시고 하는 짓거리가 그 모양이라, 저희들은 노국놈의 앞잡이 주구, 그 유가 아니지요. 그놈의 나라 자체가 임금도 잡아서 죽이는 개판인데 돈푼 받아먹고 싸움까지 가로맡아서 한대서야……." _ 《토지》 3부 2편 2장, 아버지의 망령

그렇게 니항 사건은 일본에 군사력을 동원할 빌미를 제공하게 된다. 명분은 '일본 신민의 생명, 재산에 대한 위협'을 보호하기 위해서라지만, 일본군의 공격은 항일 빨치산에 국한되지 않고 재러 한인 사회에 대한 무차별적 학살과 파괴로 이어졌다. 신한촌에 난입하여 300명 이상의 한인을 체포하고, 가옥과 학교 등 한인 건물들을 닥치는 대로 불태우고 파괴하였다. 체포된 사람들은 건물에 가두어 불태워 죽이거나, 녹슨 철도에 묶어 바다에 던져 버렸다고 전한다. 일본이 민간에 대한 학살과 방화, 파괴를 일삼았던 이유는 향후 독립운동의 거점이 될 수 있는 연해주의 한인 세력을 뿌리뽑기 위함이었다. 일본군의 연해주 한인에 대한 토벌은 5월까지 집요하게 이어졌다.

일본군이 신한촌을 습격했을 때 한인 빨치산 대원들은 이미 외곽으로 피신한 후였다. 최재형도 충분히 피신할 만한 시간적 여유가 있었다. 그러나 최재형은 도망하지 않고 자택에서 일본군의 손에 체포된다. 당시의 상황을 딸 올가는 다음과 같이 회상한다. 올가는 4남 7녀의 자녀 중 다섯째 딸이다.

"엄마와 언니들은 아빠에게 빨치산 부대로 도망하라고 했어요. 아버지는 말씀하셨어요. '내가 도망하면 너희 모두 일본군 당국에 끌려가 고문당할 것이다. 나는 살아갈 날이 조금 남았으니 죽어도 좋다! 너희는 더 살아야 한다.' 다음 날 새벽 열린 창문으로 일본군 당국에 끌려가는 아빠의 뒷모습이 보였어요."

일본군의 신한촌 습격이 있고 이틀 후인 4월 7일, 최재형은 재판 없이 일본군에게 살해된다. 어떤 식으로 살해되었는지는 분명하지 않다. 일본군은 시신조차 돌려주지 않았으며 매장 장소도 끝내 알려 주지 않았다. 최재형, 그리고 안중근 의사의 유해를 발굴하고 모시는 일은 이제 남겨진 자의 몫이 되었다. 그리고 2019년 3월, 국가보훈처의 지원으로 우수리스크에 위치한 최재형의 옛집이 '독립운동기념관'으로 지정되었다. 최재형의 죽음 이후 정확히 100년 만의 일이다.

선비와 농민, 무사武士와 상인

일본을 이웃으로 둔 것은 우리 민족의 불운이었다.

일본이 이웃에 폐를 끼치는 한, 우리는 민족주의자일 수밖에 없다.

피해를 주지 않을 때 비로소 우리는 민족을 떠나

인간으로서 인류로서 손을 잡을 것이며

민족주의도 필요 없게 된다.

_ 〈일본인은 한국인에게 충고할 자격이 없다〉, 《일본산고》

지키지 못한 두 가지
약속

1994년 8월 15일 광복절 새벽, 박경리는 원주 단구동 자택에서《토지》의 마지막 회를 탈고한다. 원주 '박경리 문학공원'에서는 이날을 기념하여 매년 8월 15일을 '토지의 날'로 정하고 백일장, 낭독대회, 토크콘서트, 음악회 등 다양한 행사를 개최한다. 최종 원고는《문화일보》8월 30일자에 실린다. 총 607회의 연재를 종료함으로써 대단원의 막을 내린 것이다. 다음은 1969년 8월《현대문학》에 첫 연재를 시작한 이래 25년을 달려온《토지》의 마지막 장면이다.

"라지오에서 천황이 방송을 했소이다."

양현은 발길을 돌렸다. 집을 향해 달린다. **참, 참으로 긴 시간이었으며 길은 멀고도 멀었다.** …… 양현은 별당으로 뛰어들었다. 서희는 투명하고 하얀 모시 치마 저고리를 입고 푸른 해당화 옆에 서서 하늘을 올려다보고 있었다.

"어머니!"

양현은 입술을 떨었다. 몸도 떨었다. 말이 쉬이 나오지 않는 것이다.

"어머니! 이, 이 일본이 항복을 했다 합니다!"

"뭐라 했느냐?"

"일본이, 일본이 말예요, 항복을, 천황이 방송을 했다 합니다."

서희는 해당화 가지를 휘어잡았다. 그리고 땅바닥에 주저앉았다.

"정말이냐……."

속삭이듯 물었다.

그 순간 서희는 자신을 휘감은 쇠사슬이 요란한 소리를 내며 땅에 떨어지는 것을 느낀다. 다음 순간 모녀는 부둥켜안았다.

이때 나루터에서는 읍내 갔다가 나룻배에서 내린 장연학이 둑길에서 만세를 부르고 춤을 추며 걷고 있었다. 모자와 두루마기는 어디다 벗어던졌는지 동저고리 바람으로

"만세! 우리나라 만세! 아아 독립 만세! 사람들아! 만세다!"

외치고 외치며, 춤을 추고, 두 팔을 번쩍번쩍 쳐들며, 눈물을 흘리다가는 소리 내어 웃고, 푸른 하늘에는 실구름이 흐르고 있었다. (끝)

_ 《토지》 5부 5편 7장, 빛 속으로!

양현은 서희를 위해 은어라도 좀 살 수 있을까 해서 집을 나서는 중이었다. 그때 강가의 사람들이, 먹물 장삼의 스님이 "일본이 항복했소!", "이제 우리는 독립하는 거요!" 외치고 외치는 소리를 듣는다. 이제 은어가 중요한 것이 아니다. 양현은 섬진강에서 평사리 집까

지 한달음에 달려 일본의 '항복 소식'을, '비로소 독립' 소식을 서희에게 전한다. "참, 참으로 긴 시간이었으며 길은 멀고도 멀었다."는 것은 비단 양현의 느낌만이 아니라 여기까지 달려와 대단원의 막을 앞둔 작가의 심정이 아니었을까? "요란한 소리를 내며 땅에 떨어진" 서희를 감고 있던 쇠사슬 역시 작가 박경리의 것은 아니었을까? 1부에서 5부까지 모두 360개의 장章 중에 유일하게 느낌표가 붙어 있는 이 장의 제목은 "빛 속으로!"이다.

《토지》 최종회, 《문화일보》(1994년 8월 30일).
《토지》의 5부는 1992년 9월 1일부터 총 607회 연재되었다.

1994년 10월 8일. 《토지》를 탈고하고 채 두 달이 지나지 않은 시점이었다. 작가의 집필실이던 원주시 단구동 사택 앞마당에서 '토지 완간 기념잔치'가 열린다. 박완서, 최일남, 윤흥길, 조정래 등 당대의 내로라하는 작가들과 문화예술계 인사 300여 명이 모인 잔치였다. 하객들의 축하 인사가 이어졌다. 고故 최일남 선생은 "내가 잔치란 잔치는 죄 다녀봤지만 이런 희한한 잔치는 처음이다. 25년 동안 쓴 작품의 완간 잔치라니 …… 앞으로도 이런 잔치는 초대 받지 못할 것"이란 재치 있는 축사로 분위기를 띄웠다.

농악대와 사물놀이패의 공연이 이어지고 술과 떡과 먹거리가 넘쳐나는, "1897년 한가위 …… 시궁창을 드나드는 쥐새끼까지 포식의 날인가 보다." 했던《토지》의 첫 페이지를 옮겨 놓은 듯한 풍경이었다. 이날 박경리는 한 곡조를 청하는 짓궂은 후배 문인들의 성화에, 떨리는 목소리로 "명정리 동백꽃~"을 부른다. 어린 시절 즐겨 부르던 동요라며, 정말 몇 십 년 만에 불러 보는 거라며, 원래는 이것보다 훨씬 잘 부른다면서…….

잔치가 막바지로 접어들 즈음, 호시탐탐 기회를 노리고 있던 한 기자가 물었다. "《토지》이후의 계획은?" 이에 대한 박경리의 답은 "《토지》의 속편을 쓰는 것", 그리고 "일본론을 쓰는 것"이었다. 곁에 있던 외동딸 김영주는 깜짝 놀라 "무슨 말씀이시냐, 이젠 좀 쉬시라."며 손사래를 치며 짧은 인터뷰는 끝났다. 결과적으로 박경리의 이 두 가지 계획은 절반의 성공에 그친다.

먼저 첫 번째 계획,《토지》의 속편이 출발한다.《토지》를 탈고한 지 9년 만인 2003년 4월, 월간《현대문학》에 연재를 시작한 것이다. 박경리 스스로《토지》의 후속작이라고 밝힌《나비야 청산靑山 가자》는 지식인을 중심으로 해방 후 50년의 한국 현대사를 그릴 예정이었다. 작가는 "마지막 작품이 될 것 같다"면서 집필에 들어갔지만, 결국 연재 3회 만에 중단하고 말았다. 작가는 작품 중단 이유를 다음과 같이 밝히고 있다.

"이것《토지》은 영원히 끝나지 않은 소설이지요. 사실은 내가 그 후속으로서 《나비야 청산青山 가자》, 그것을 지식인에 국한해서 쓸라고 하니깐 올이 수도 없이 많아지는 거예요. 도저히 내가 감당을 …… 태산을 무너뜨릴 수가 없어요. 그래서 혈압도 오르고 사고가 난 것 같아요. 그것은 난 자신이 없어요."

_〈대담, 사회학자 송호근의 작가 박경리론〉, 《가설을 위한 망상》

《나비야 청산 가자》에서 '나비'는 지식인을, '청산'은 지식인의 이상향을 가리킨다. 소설은 가상의 마을과 소도시를 무대로 한쪽 다리가 불편한 여인 해연을 통해 전달되는 혼란스러운 가족사 이야기로부터 출발한다. 부유한 농장주의 딸인 해연은 어릴 적 마름의 아들인 석호와 결혼해 살고 있지만 남보다도 못한 사이다. 해연은 미국 유학 생활을 마치고 귀국한 대학교수 혁주와 20년 만에 해후하게 돼 마음이 들뜬다. 소설은 해연의 남편 석호가 농장 일꾼의 딸 미숙과 간통하다 들키는 장면에서 그친다.

우리는 아마도 역사의 중심에 선 지식인 그룹의 적극적이고 긍정적인 역할과, 다른 한편 그들의 비열함과 나약함, 허위의식 등을 《나비야 청산 가자》를 통해 보게 되었을지도 모른다. 거기에서 우린 또 다른 이상현, 서의돈, 선우일, 임영빈, 조찬하, 오가다 지로와 유인실을 만나고, 지식인에 무게중심을 둔 서사를 통해 우리 현대사의 진면목을 볼 수 있었을 것이다. 하지만 이제 그러한 바람은 영원히 불가능한 일이 되어 버렸다.

두 번째 계획, '일본론'을 쓰는 것. 박경리는 《토지》 집필 중에도 틈틈이 일본 관련 자료들을 모으고 읽으며 '일본론'을 썼다. 작가의 육필 원고들을 살펴보면 '일본산고日本散考'라는 큰 제목 아래 각각의 소제목이 달려 있음을 확인할 수 있다. 그중 많은 글이 '미완未完'으로 표시되어 있다. 요컨대 작가의 '일본론'은 완성태가 아니라 진행형이었던 셈이다. 현재 출판되어 있는 《일본산고》(마로니에북스)는 작가가 생전에 일본에 관해 썼던 글과 미발표 원고들을 정리한 것이다.

《일본산고》의 마지막 장에는 1990년 《신동아》 지면을 통해 이루어진 일본의 역사학자 다나카 아키라(田中 明, 1926~2010)와의 지상紙上 논쟁이 실려 있다. 이 논쟁은 다나카 아키라의 "한국인의 통속 민족주의에 반대합니다"란 글에 대해, 박경리가 반론 형식으로 "일본인은 한국인에게 충고할 자격이 없다"란 글을 실으면서 촉발되었다. 사실 다나카 아키라의 처음 글에는 '소설가 박경리'나 《토지》에 대한 언급은 한 마디도 등장하지 않는다. 하지만 박경리는 "아직도 식민지 시대의 지배자로 자신들을 착각하고 있는, 사실은 문장의 행간마다 일본의 군국주의 시대가 희번덕이고 있는 글을 그냥 보아 넘길 수가 없었다."고 말한다. "실은 너절한 다나카 씨 글에 대하여 귀중한 시간을 쪼개가며 반박 같은 것은 하고 싶지 않았다. 그러나 독자 중에 그의 글을 두고 날카롭게 썼다는 말들을 하는 사람이 있다기에 그냥 넘길 수가 없었다."는 것이다. 그러면서 박경리는 일본 지식인이 바라보는 '한국'과 '한국인'에 대한 시선이 얼마나 자의적인지, 그 논리적인 비약과 왜곡, 주장의 허구성을 조목조목 비판한다.

《라쿠텐퍽(楽天パック)》, 다이쇼(大正) 원년(1912) 10월 1일자.

메이지 천황 사망 후 잡지 《라쿠텐퍽》에 실린 '천황 장례식 광경(御大葬市内雜觀)' 만화. 나무에 올라가 장례 행렬을 보는 사람, 지방에서 장례식을 돕기 위해 상경한 순사, 천황의 장례 기념엽서를 얻고자 몰려든 사람 등 천황 장례식 당일의 흥미로운 행동들을 생생히 묘사하고 있다.

수백 년에 거쳐 무가武家가 정권을 쥔 시대를 뒤엎고 천황 친정이 부활한 후 45년 동안, 메이지 천황은 신생 일본의 제도상 최고 권력자일 뿐만 아니라 근대화를 향해 돌진하던 에너지의 정신적 대지주였다. 천황과 더불어 근대국가가 탄생했고, 극동의 소국이 열강의 대열에 진입할 수 있었다. 부국강병 · 식산흥업 그리고 탈아입구脫亞入毆라는 대목표를 착착 실현해 가면서, 천황은 점차 신격화되었다. 1912년 7월 30일 오전 0시 43분, 메이지 천황은 심장마비로 죽는다. 메이지 시대가 막을 내린 것이다. (출처: 유모토 고이치(湯本豪一), 《일본 근대의 풍경》)

현인신에다 신국神國, 신병神兵, 이 삼위일체가 순수민족주의란 말인가. 특공대 가미카제호(神風號)가 자폭하고, 항복 아닌 자살을 강요하고 남의 땅 떡 먹듯 집어먹고 남의 백성 끌어다가 우마같이 부려먹고 숨도 끊어지기 전에 늑대 밥으로 내다 버리고 …… 또 있다. 일본에서는 지금 지식인까지 히로시마의 원폭을 상기하라고 떠드는 모양인데 남경 30만 학살 사건에는 입 싹 씻고 있는 것이다. 그게 순수민족주의인가.

얘기를 하다 보니 서글퍼진다. 왜 이따위 시시한 글을 읽어야 하고 나는 그것을 따져야 하는가 싶어서다. 다나카 씨는 그런 글을 쓰면 한국인이 납득하고 승복할 줄 알았는가. 원한만 깊어지지 무슨 소득이 있겠는가. 칭찬을 하든 성토를 하든 정당하고 공평해야 글을 쓰는 의의가 있다. 다나카 씨는 철 덜 든 사람처럼 경박한 언어 사용, 이치에 닿지도 않는 얘기, 사실 '통속민족주의'라고 명명은 했지만 용어에 대하여 뚜렷한 정의도 내리지 않고 있다. 정의를 내릴 성질의 것도 아니지만……. 여하튼 괜찮다.

오늘은 반일의 대중화 시대다. 그러나 옛날, 수백 년 전부터 반일의 주체 세력은 대중이었다는 것을 상기해야 한다. 반일의 대중화는 말할 것도 없이 민족주의의 대중화다. 다나카 씨는 대중화를 통속적이라 표현했지만. 임진왜란 때 승려들이 무기를 들고 싸움터에 나갔다든가 부녀자가 앞치마에 돌을 담아 날랐다든가 그게 모두 치열한 민족주의 사상에서 나온 행위 이외에 아무것도 아니다.

_ 〈일본인은 한국인에게 충고할 자격이 없다〉, 《일본산고》

작가 박경리는 일본 기자와의 인터뷰에서도 공공연히, "나는 철두철미한 반일反日 작가"라고 말하곤 했다. 혹자는 아는 체를 하며 《토지》에서 작가가 보여 주는 일본에 관한 서술들이 지나치게 감정적이며, 논리라기보다는 직관에 치우쳐 있다고 말한다. 맞는 말이다. 하지만 따지고 보면 그럴 수밖에 없는 노릇이다. 소설에서 반일론을 펼치는 인물들이 거품을 물며 일본에 대해 감정적으로 대응하고 있기 때문이다. 논리? 안중근 의사의 이토 히로부미 저격을 논리적으로 해명할 수 있는가? 그러면 일제의 조선 침략은 도대체 무슨 논리인가? 대동아공영권? 오족협화? 황국신민? 민족개조론? 그것을 논리라고 말하는 것인가?

　반일 '감정'은 그야말로 논리가 아니라 '감정'이다. 작중에서 가장 적극적으로 일본인의 기질, 문화, 제국주의적 야심 등을 신랄하게 비판하는 인물이 유인실이다. 그의 격정적인 비판은 궤도를 이탈하기도 하는데, 이런 경우 "노골적인 악의와 모멸"이라며 서술자가 개입한다. 박경리는 인실의 곁에 역사를 전공한 양심적 세계주의자인 일본인 오가다 지로를 배치함으로써 균형을 맞춘다. 오가다 지로의 "인실의 논리엔 적잖은 독선이 깔려 있었고 미화와 옹호의 감정은 노골적이었다."는 식의 독백을 함께 제시함으로써 중심을 잡고 있는 것이다.

　박경리는 '출구出口가 없는 것'이란 미완의 글에서, 일제강점기에 태어난 자신은 일본어·일본문학에 길들여졌고, 그 후로도 오랫동안 일본 서적에서 지식을 얻었음을 고백한다. 그렇게 일본문화에 대한 기본적인 인식을 가질 수 있었다는 것이다. 박경리는 그런 한편으로 "민족적 감정 때문에 사시斜視가 되어서는 결코 안 된다는 염려"와 함께, "늘 공평함을 잃어서는 안 된다는 다짐"을 한다고 말한다. 만약 "내가 사시가 된다면 일본의 그 엄청난 사시에 대하여 논할 자격이 없어지기 때문"이다.

박경리는 생전에 기회가 있을 때마다 '일본'과 '일본인', '일본문화'에 대한 생각을 펼쳐 보였다. 그것들을 단지 과거 피식민지인으로서 느끼는 감정적 대응이라고 말할 수 없다. 오히려 작가의 체험과 서재에 켜켜이 쌓여 있는 '일본' 관련 자료들, 그리고 오랜 시간 갈고 닦으며 숙성된 작가의 명쾌한 분석과 통찰의 결과물이다. 비록 《일본론》은 미완에 그치고 말았지만, 작가의 사유思惟가 미완이었던 것은 아니다.

남은 글들을 모은 미완의 일본론 《일본산고》의 부제는 '역사를 부정하는 일본에게 미래는 없다'이다.

《토지》 속
한 · 일 문화 비교론

《토지》에는 숱한 역사적 사건들과 인물들이 등장하지만, 그중 하나가 돌출되어 제시되지 않는다. 여러 이념과 사상들이 대립하지만 정반합의 논리로 통일되어, 어떤 하나가 승리하는 모습도 보여 주지도 않는다. 오히려 작가는 공평한 시선으로 그 모든 것의 양면성을 심도 있게 그려 나간다. 이런 작가의 태도는 표면 뒤에 숨어 있는 좀 더 본질적인 문제에 접근하려는 시도로 볼 수 있다.

본질적인 문제란 역사의 표면에 드러난 특정 사건을 통해, 또는 한 영웅적 인물을 통해 드러날 수 있는 것이 아니다. 개화 대 보수, 사회주의와 공산주의, 혹은 동학의 선택이 문제의 해결이 될 수 없다. 친일이냐 항일이냐의 양단논법으로 선과 악을 구분하고 긍정과 부정으로 평가하려는 시도는 표면적인 현상에 대한 이해에 그칠 뿐 근본적인 문제 해결이라 할 수 없다. 친일도 항일도 침략국 일본을 전제하지 않고는 성립될 수 없는 논리다. 민족 내의 여러 갈등도 일본에 의해 야기된 것이며 그들을 통해서만 해결될 수 있다.

《토지》에서 다루고 있는 일본론은 당시 침략국 일본에 대한 민족 감정의 표출이나 그 대응 방식에 국한되지 않는다. 성공한 역사소설의 전제 조건이 '과거의 역사를 현재의 필수 불가결한 전사前史'로 파악하는 것이라면,《토지》에서 다루고 있는 '일본론'은 그러한 조건에 부합한다.《토지》는 당대 우리의 사회적·역사적 조건을 제약했던 침략국 일본의 모습에서부터 군국주의로 치닫던 당시 일본의 정치적 상황의 근원, 그리고 일본의 여러 문화적 측면에 이르기까지 소설 이상의 심도 있는 일본론을 전개해 나간다.

《토지》의 4부와 5부에서 집중적으로 전개되는 일본론은 지식층의 한일 문화 비교론으로 전개된다. 이 지식인들을 통해 전개되는 비교론은 한국의 문화적 삶이 일본의 문명적 야만에 의해 짓밟혔다는 인식에서 출발한다.

유교사상에 길들여진 조선 백성들의 잠재된 의식 속에는 예절과 검소 그 격조 높은 선비정신의 잔영殘影이 있었을 것이요, 생략할 수 있는 데까지 생략하는 세련된 미의식, 수천 년 몸에 배고 마음 깊이 배어 있는 안목에서 본다면 서양 것은 요란해 뵈었을 것이고 일본 것은 저속하고 치졸해 보였을 것이다. _《토지》 4부 1편, 서序

그러나 식민 치하의 조선은 일본의 문명적 야만에 참담하게 휘저어진다. "땅문서가 애매모호해도 윤리 도덕이 견고하여 남의 땅을 도적질 하는 일"은 없고 나그네는 있으나 거지는 흔치 않았던 조선 땅에, 일본이 들어온 후 남부여대男負女戴 땅을 찾아 간도로 만주로 떠났고 내 땅 잃은 농민들은 도시 토막민으로 전락할 수밖에 없었다. 그러나 일본의 물질문명에 압살된 조선의 문화적 삶이 영원히 사멸될 수는 없다.

물질문명의 시대는 흉기부터 앞장세우며 오고 있는 것이다. 정신 문화의 시대는 척박한 가난의 살림을 안고 가고 있는 것이다. 그러나 반대로 오고 있는 자는 또 갈 것이요, 가고 있는 자는 다시 올 것이다. 다시 올 때까지 산맥과 지류는 마멸되고, 한 시대는 가고 한 시대의 사람도 가고 사물만이 남을 것이다. 이 사물에서 역사는 비로소 정확한 재尺를 들고 인간 정신을 측정할 것이며 공명정대한 역학적 기간으로 귀납될 것이다. 그리고 인간 존엄을 찾게 될 후 일 사가 史家는 이 시대의 승리를 영광의 승리라 하지는 않을 것이다. 패배를 치욕의 패배라 하지도 않을 것이다. _《토지》 1부 4편 19장, 주석酒席 풍경

문화란 무엇이고 문명이란 무엇인가? 작가는 조찬하를 통해 그의 문화관을 설득력 있게 제시한다. 그는 문화란 인간 소망의 산물이며, 인간 스스로 선택할 수 있는 유일한 것이라고 파악한다. 곧 모든 생명 중 오직 인간만이 부여 받은 '창조의 능력'을 통해 "도덕이나 윤리, 종교까지 포함하여 높은 곳에 이르고자 선善을 전제로 하고 신이나 불가사의하며 오묘한 질서를 닮으려 하는 총체적인 것"이 문화이다.

반면 문화를 능욕하여 만들어진 문명이란, "변화무쌍하여, 성녀와 창녀의 두 얼굴, 문화의 한 측면과 야수의 한 측면"을 갖고 있으며 "생존이라는 명분을 훨씬 넘어서서 자행되는 야성"이라 할 수 있다. 문명이라는 이름으로 포장된 인간의 반문화성은 따라서 "문화가 아벨이라면 문명은 카인"이라는 논리를 가능하게 한다.

작가는 물질문명을 앞세운 침략 세력인 일본의 동물적 야만성이 우리의 덕성스런 삶의 방식들을 어떤 식으로 침해하고 파괴하고 있는지를 단순히 국제관계의 역학 구조를 통해서만이 아니라 문화인류학적 차원에서 접근한다. 작가의 이러한 문화와 문명 인식은 한국과 일본의 문화를 이해하는 중심축이 된다. 예컨대 "일본 민족은 로맨티시즘 혹은 센티멘텔리즘을 주조로 하고 있으며, 이 때문에 창

만화집 《극동에서(極東にて)》, 1898년(明治31) 2월호.

지금이야 일본이 세계 3대 자동차 강국이지만, 19세기 말만 하더라도 자동차는 신기한 외래 기계였다. 1898년 프랑스인 테브네J. M. Thévenet가 판매를 목적으로 자동차를 들여왔다. 그때 행해진 '쓰키지(築地)~우에노(上野)' 간 시범주행 모습이다. 처음 등장한 자동차를 보려고 구경꾼들이 몰려들었다. 그러나 이 자동차는 가격이 맞지 않아 결국 도로 가지고 돌아갔다. (출처: 유모토 고이치(湯本豪一), 《일본 근대의 풍경》)

조력이 희박하고 개인은 허약하며, 허약한 개체는 집단을 이룰 때 약육강식의 맹수로 변신한다. 감상이나 낭만은 쉽게 전체의 합리주의 · 공리주의로 변신할 수 있기 때문이다. 창조란 곧 진실에의 접근이라 할 수 있는데 감상만으로는 아무것도 창조할 수 없다. 반면 한국인은 고래로 리얼리스트였으며 그 리얼리즘은 진실에 접근하고자 하는 의지이고, 신비와 생명미의 탐구라 할 수 있는데 그것은 궁극적으로 창조력으로 발현된다."는 것이다.

여기에서 신비주의와 현실주의의 두 관념을 수용한 것이 우리 민족의 기본 정조라 할 한恨이다. 한은 우리 민족의 자각된 힘의 원천이며,《토지》를 관통하는 가장 근본적인 인생관이라고 할 수 있다. 삶의 근원이며 문화의 창조적 본질이라고 할 수 있는 한은 야만적 문명을 대표하는 일본의 폭력에 대항하는 우리 정신구조의 핵이다. 따라서 한국 민족정신의 기저에 자리 잡고 있는 한恨과 일본의 우라미[恨]는 같은 것일 수 없다.

일본 말로는 한恨을 원한으로 쓰고 그것은 복수라는 묘하게 엽기적인 분위기를 갖는데 우리가 말하는 한에는 거의 모든 것이 포함되어 있어요. 한이 된다, 한이 맺혔다, 할 때는 물질적이든 정신적이든, 빼앗겼든 당초 주어지지 않았든지 간에 결핍을 뜻하고, 한을 풀었다, 할 때는 채워졌음을 의미하는 것입니다. 해서 결핍은 존재할 수 없는 방향으로, 채워졌음은 존재하는 방향으로, 그렇다면 그것은 생명 자체에 관한 것이에요. 한은 생명과 더불어 왔다 할 수 있겠어요. 한의 근원은 생명에 있다 할 수도 있겠어요. 흔히 지옥이다 극락이다 하는 말을 쓰는데 하나는 공포의 상태, 하나는 안락의 상태, 그것은 정지된 상태로 볼 수 있지 않을까요? 그러니까 극락이나 지옥보다 실감 있게 쓰이는 말이 내세來世와 차생次生이에요. 이어짐으로써 시간 위에서 있음으로 해서 생명은 존재하는 거니까요. 한은 내세에까지 하나의 희구 소망으로서 조선사람들 가슴에 있고, 때문에 현실주의와 신비주의는 조선 사람에게 융화된 사상이라 한 거예요.

_ 《토지》 4부 2편 9장, 선비와 농민, 무사와 상인

이외에도 《토지》에는 당대 일본의 정치적 상황의 근원으로부터 문화적 표현으로서 건축과 의상과 풍속에 이르기까지 여러 문제가 심도 있게 논의된다. 작중 지식인들의 토론과 논쟁을 통해 제시되는 한일문화 비교론을 정리하면 다음과 같다.

- 의상: 일본인의 의상이나 색채는 갑충甲蟲, 딱정벌레를 연상시키지만, 조선인의 그것은 나비와 학을 연상시킨다. 일본의 옷이나 머리 장식들은 그로테스크하고 불투명하며 죽은 선線이지만, 우리의 것들은 투명하고 율동적이며 생명력이 풍부하다.
- 건축: 일본의 건축이 직선적이며 여백이 없어 생명감이 없고 자연에 거스르고 있다면, 조선의 건축은 곡선으로 여백의 미를 살리며 자연과 조화되어 더 많은 생명체를 수용하고 있다. 한식의 온돌방은 난온의 자연스런 장치이자 정결하고 위생적인 데 비해, 일본의

다다미는 더럽고 습기 차며 건초더미에서 자던 습성이 약간 정리
된 것에 불과하다.

- 민족주의: 일본에는 민족주의가 없거나 아주 희박하며 군국주의
와 황도주의皇道主義가 대종이다. 섬나라라는 지리적 여건 때문에
그들의 적은 처음부터 그들 자신의 동족이었다.

- 신분: 조선은 권력·관속에 대한 증오와 저항은 강렬했지만, 선
비에 대한 존경은 보편적이다. 조선은 선비와 농민으로 대표되는
데, 조선의 농민은 선비들 언행에 준해서 선영봉사라든가 의관의
정제, 예의범절이 준절했으며, 사회적 신분 또한 다른 나라와 달
리 상민의 상층에 속한다. 그러나 일본은 농민을 돈벽쇼오(돼지백
성), 미즈노미 쇼(물만 마시는 백성)니 하면서 사회적 신분의 밑
바닥을 차지한다. 따라서 그들에게는 조선 농민의 자긍심 같은 것
은 찾아볼 수 없다. 일본은 무사와 상인을 우대하여 오늘의 번영
을 가져왔지만, 그것은 야만적이다. 결과적으로 조선 농민들은 선
비정신의 토양인 데 반해, 일본인의 세푸쿠(切腹) 등의 상무尙武정
신은 역사적으로 길들여 온 잔인성이라 할 수 있다.

- 춤: 일본의 춤은 손목, 발목의 춤인 데 반해, 조선의 춤은 전신의
율동이다.

- 노래: 일본의 노래가 콧소리, 목구멍소리인 데 반해, 조선의 창은
몸 전체에서 터져 나오는 것이다.

이상의 논의 외에도 일본인들 자신에 의한 일본론, 남경학살에 관

한 여러 견해들, 제국 정부의 기만적인 술책과 전술, 일본의 호기스런 남진론과 북진론의 허상 등이 전개된다. 여기서 작가는 여러 일본인들을 등장시켜 비판 없는 복종과 맹목적인 애국심 등 '집단적 에고이즘'으로 요약될 수 있는 대다수 일본인들의 속성을 비판하면서, 많지 않은 일본인들의 긍정적 성격도 살핀다.

4부에 이어 5부에서도 심도 있는 일본론이 전개된다. 센닌바리(千人針)로 대변되는 변함없는 일본의 군국주의적 허상과 일본의 '천황' 호칭에 관한 가소롭기까지 한 무모함과 현인신現人神 사상의 허위와 기만성에 대한 비판, 그로테스크 · 에로티시즘 · 난센스로 대표되는 일본의 탐미주의적 문학(혹은 육체문학)에 대한 질타. 1928년에 있었던 일본의 공산당 검거 선풍에서 발견할 수 있는 일본의 국책 제일주의 맹신 등 다각도에서 일본의 실체에 관한 논의가 이루어진다.

이외에 일반 민중의 일본에 대한 본능적인 분노와 대일관도 작품 도처에서 발견할 수 있다. 대다수의 우리 백성들이 가지고 있던 침략적 일본에 대한 두려움 아닌 모멸과 멸시의 감정은 식민 치하의 억압된 상황에서도 존엄을 잃지 않는 힘이 된다. 그것은 일본의 선험적 열등의식과 대립하는 민족의 역사적 자부심에 기인한다. 한 장돌뱅이의 "우리 상복喪服 얻어가 저희놈들 옷이 된 연유를 생각혀 보더라도 월매나 본 바가 없이면 상복을 얻어간다디야?"라는 지적에서나, 일본인들을 삼강오륜도 모르는 짐승만도 못한 놈들로 치부하며 "품속에 땡전 한 푼 없어도 왜놈의 짐만은 지지 않는다"는 지게꾼 노인의 자존심, "일본 기생은 몸을 먼저 팔지만 조선 기생은 마음을 먼저 판다"는 기생의 말 등은 "일본 사람, 일본인 아닌 왜놈, 왜놈의 새끼, 쪽바리"로 불릴 수밖에 없는 그들의 천박한 문화와 우리 민중의 침략국 일본에 대한 본능적인 분노를 엿볼 수 있게 한다.

물론, 민족 사이에 우열은 있을 수 없다. 문화 또한 마찬가지로 우열을 나눌 수 없다. 다만, 모든 민족은(혹은 문화는) 다른 민족과 구분되는 각자의 독특한 특성이 있기 마련이다. 그것은 생래적인 것이기보다는 역사의 흐름과 환경 조건으로 나름의 바탕과 틀 속에서 형성된다. 박경리는 역사학과 사회학, 문화인류학적인 측면에서 한국과 마주한 일본의 정치적 상황의 근원부터 여러 양태의 문화적 특성, 일본인의 민족성, 사관史觀 등에 관해 뛰어난 관찰력과 직관으로 그 본질적 특성과 실상을 설득력 있게 제시한다.

일 잘하는 사내

다시 태어나면 무엇이 되고 싶은가

젊은 눈망울들

나를 바라보며 물었다

다시 태어나면 일 잘하는 사내를 만나

깊고 깊은 산골에서

농사짓고 살고 싶다

내 대답

돌아가는 길에

그들은 울었다고 전해 들었다

왜 울었을까

홀로 살다 홀로 남은

팔십 노구의 외로운 처지

그것이 안쓰러워 울었을까

저마다 맺힌 한이 있어 울었을까

아니야 아니야 그렇지 않을 거야

누구나 본질을 향한 회귀본능

누구나 순리에 대한 그리움

그것 때문에 울었을 거야

_ 유고시집 《버리고 갈 것만 남아서 참 홀가분하다》

1946년 1월 30일 박경리는 김행도(1923~1950)와 결혼한다. 중매결혼이었다. 당시 박경리의 나이 21세. 남편과는 세 살 차이였다. 결혼 이후 박경리는 서울로 올라와 딸 김영주를 얻는다. 1948년 남편 김행도가 인천 전매국에 취직하면서 인천으로 이주하여 1949년까지 인천 동구 금곡동 59번지에서 결혼 생활을 한다. 딸 김영주(前 토지문화재단 이사장, 2019년 작고)의 증언에 의하면, 이 시절 박경리는 헌책방(現 배다리 헌책방 골목)을 운영했다고 한다. 박경리는 후에 이곳에서의 2년 가까운 시간을 "일생에서 가장 행복한 시간"이었다고 회고한다. 다음 사진은 그때 사진이다.

박경리는 1949년 서울 흑석동으로 이사한다. 이 시기 남편 김행도는 아내가 계속 공부할 수 있도록 지원하고, 박경리는 수도여자사

1996년 세종대학교에서 발급한
박경리(본명 박금이)의 대학 졸업
증명서.

왼쪽 박경리부터 시계 방향으로 남편 김행도, 친정
어머니 김용수, 아들 김철수, 딸 김영주. 현재 토지
문화재단 이사장으로 있는 박경리의 손자 김세희는
할아버지 김행도와 똑 닮았다.

범대학(현 세종대학교) 가정과에서 학업을 이어 간다. 박경리는 1950
년 대학 졸업 후에는 황해도 연안에서 6·25전쟁 직전까지 교사 생
활을 한다.

박경리와 김행도의 행복했던 결혼 생활은 짧았다. 1950년 남편

김행도가 부역 혐의로 서대문형무소에 수감되고, 박경리는 아이 둘을 데리고 옥바라지를 한다. 그러고 보면 박경리는 집안의 두 남자, 남편과 사위 김지하의 옥바라지를 다 한 셈이다.

그때 그 여자는 길섶에 돋아난 풀 한 포기보다도 더 무명無名해 보였고, 자신의 존재를 드러내 보일 아무런 이유가 없는, 어떤 자연현상처럼 보였다. 그 여자는 다만 사위의 옥바라지를 나온 한 장모였으며, 감옥에 간 사위의 핏덩이 아들을 키우는 팔자 사나운, 무력한 할머니의 모습만으로, 오직 그런 풀포기의 모습만으로 그 교도소 앞 언덕에서 북서풍에 시달리며 등에서 칭얼대는 아기를 어르고 있었다. …… 출감한 김지하는 장모의 안부를 물을 겨를이 없었던 모양이었다. 김지하는 무등을 타고 기세를 올린 후 그의 지지자·찬양자들의 무리들이 이미 준비해 놓은 승용차에 올라타서 어둠 속으로 사라졌다. 김지하가 떠나 버린 어둠 속에서 그 여인네는 혼자 오래오래 서 있었다. 아무도 그 여인네를 알아보지 못했다. 그리고 그분은 대절해 온 택시에 몸을 실었다. 택시 안에서 그분은 등에 업은 아이를 풀러서 무릎 위에서 재우고 있었다. 시간은 밤 12시에 임박하고 있었다. 아무도 그분을 뒤쫓아가는 사람은 없었다.

_ 김훈, 〈1975년 2월 15일의 박경리〉

1975년 2월 15일은 김지하가 내란죄로 사형선고를 받고 무기징역으로 감형되었다가 형집행정지로 출감하는 날이었다. 소설가 김훈이 기자였던 시절, 김지하의 출감을 취재하러 간 영등포 교도소 앞은 재야인사들과 지지자들, 기자들로 들끓었다. 김훈은 그곳에서 박경리를 발견한다. 아무도 그를 알아보지 못한다. 김훈은 조심스럽게 박경리를 관찰하고 기록한다. 하지만 그날 김훈은 기사를 송고하며 박경리에 관해서는 한 줄도 쓰지 않았다. "나는 박경리에 관하여 쓸 수가 없었다. 나는 어쩐지 그것이 말해서는 안 될 일인 것만 같았다."는 것이다.

수감 중이던 남편 김행도가 행방불명이 되고, 아무리 수소문을 하고 기다려 봐도 남편은 돌아오지 않았다. 그것으로 짧았던 결혼 생활은 끝난다. 남편의 묘소도 쓸 수 없었다. 엎친 데 덮친 격, 1956년 아들 김철수를 의료사고로 잃는다. 〈불신시대〉(1957), 〈암흑시대〉(1958) 연작은 당시의 상황을 소재로 한 것이다. 사실 사건의 순서로 보면 아들이 죽기까지의 과정을 그린 〈암흑시대〉가 먼저 놓이지만, 아들이 죽은 이후의 상황을 그린 〈불신시대〉가 세상에 먼저 나온다. 박경리가 잡지사에 넘겼던 〈암흑시대〉 원고를 되찾아와 발표를 미룬 까닭이다. 박경리는 원고를 회수한 이유를 "〈암흑시대〉는 아들의 죽음 직후 걷잡을 수 없는 흥분과 슬픔 때문에 거의 객관성을 잃은 작품으로 치명적인 결함이 있다고 판단하였기 때문"이라고 밝혔다. 〈암흑시대〉의 다음과 같은 장면은 당시 작가 박경리가 처한 상황과 심리를 그대로 보여 준다.

순영이는 문학을 공부하고 있는 여자였다. 그리고 열 살 난 계집

애, 여덟 살 된 사내아이, 이 두 남매와 늙은 어머니를 부양할 의무를 지닌 극히 불우한 처지의 여자이기도 했다. 순영이는 전쟁 때문에 남편을 잃었다. 그리고 일체의 가산도 날려버린 것이다. 가난, 굶주림, 그리고 자기를 잃지 않으려는 몸부림, 이러한 극단과 극단의 사이에서 순영이는 모든 것에 항거하는 성신을 보았다. 그러나 인간 본연의 낭만을 버리지 못하는 곳에서 순영이는 문학에 자신을 의지한 것이다.

박경리는 처음엔 시인이 되고 싶었다. 1954년 서울상업은행(現 우리은행) 재질 시에는 사보社報《천일天一》에 〈바다와 하늘〉이란 16연 159행의 장시를 발표하기도 하였다. 박경리는 당시 우연히 알게 된 소설가 김동리 선생에게 시를 보인다. 작가의 표현을 빌리면, "내 내부의 것을 끌어내어 문학을 하게끔 해주신 분, 내가 쓴 졸렬한 시 속에서 소설을 쓸 수 있을 것이란 가능성"을 발견해 준 사람이 소설가 김동리다. 김동리는 박경리에게 시가 아닌 소설을 써 보라고 권하고 돌려보낸다. 이후 박경리는 소설을 쓰기 시작한다. 그리고 1955년 김동리의 추천으로 단편소설 〈계산〉을 발표하며 등단한다. 처음 박경리가 김동리 선생에게 이 작품을 가져갔을 때의 제목은 '불안지대'였다. 그런 것을 김동리 선생이《현대문학》에 추천하면서 제목을 직접 '계산'으로 바꾸었다. '박금이朴今伊'라는 본명 대신 '경리景利'라는 필명을 지어 준 것도 김동리 선생이었다. 대하역사소설《토지》의 작가 박경리의 첫 발자국이다.

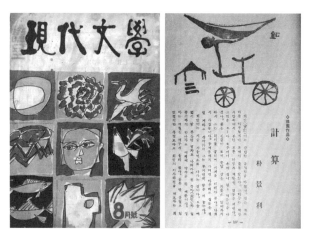

박경리 초회 추천작 〈계산〉, 《현대문학》 1955년 8월호.

처음 박경리의 시를 봤을 때 김동리 선생이 데면데면 "그래, 열심히 한번 써 봐." 했다면 어떻게 됐을까? 남편 김행도가 계속 인천에서 직장 생활을 하고, 박경리는 헌책방 거리에 남았다면 어떻게 됐을까? 황해도 연안에서 교편을 잡았던 시절, 계속 교사 생활을 할 수 있었다면 어떻게 됐을까? 박경리는 서른도 되기 전에 남편을 잃고, 아들도 떠나보낸다. 만약 그들과 함께 여느 이웃처럼 행복한 가정을 꾸릴 수 있었다면 어땠을까? 그랬다면 '일 잘하는 사내'를 얻어 농사지으며 행복하게 살 수 있었을까?

2020년, 남편 김행도의 일본 유학 시절 행적이 담긴 자료가 확인되어 독립유공자로 선정되었다. 사후 70년 만이다. 김행도는 1942년 일본 도야마현(富山□) 고강공예학교 재학 중 일본인 교사와 학생들의 조선인 멸시와 차별 대우에 저항하여 '친교회'라는 조직을 결성하였다. 이후 김행도는 조직을 통해 동지들을 규합하여 민족의식 고취와 독립 활동을 전개한다. 1944년 3월에 조직 활동이 적발되어 징역 2년에 집행유예 5년을 선고 받았고, 그 과정에서 약 8개월간 옥고를 치른다.

살아생전 박경리는 남편에 대한 말을 몹시 아꼈다. 해방 후 좌우 이데올로기 갈등이 심했던 시절, 그때 사회주의에 심취했다는 것만으로도 조심조심 몸을 사릴 수밖에 없던 때가 있었다. 생사도 알 수 없는 비극적 상황이지만 그 자체만으로도 낙인이 되는 시절이 있었다. 박경리 선생이 직접 서훈을 받을 수 있었다면 얼마나 좋았을까? 아니, 1년만이라도 빨리 추서하여 고 김영주 이사장이 비록 훈장일지라도 자랑스러운 아버지를 한번 안아 볼 수 있었다면 얼마나 좋았을까?

1926년생인 박경리는 만 20세까지 온전히 일제강점기 하에서 유년과 학창 시절을 보내고, 1945년 졸업한 그해 바로 해방을 맞는다. 그리고 결혼, 상경, 전쟁, 남편과 아들의 죽음으로 박경리의 20대는 채워진다. 통영, 진주, 인천, 서울, 원주로 이어진 그의 시간은 다시 통영으로 돌아와 멈춘다. 질곡 많은 우리의 근현대사를 관통한 작가 박경리의 삶은 그대로 수십 편의 소설과 시, 에세이, 그리고《토지》속에 남았다. 그것은 한 개인의 기록이 아니라 그 시대를 살아온 이들에게, 그 시대를 추억하는 이들에게, 그리고 그 시대를 경험하지 못한 이들에게 주는 작가의 선물이다.

2021년 1월 7일

이승윤

자료

1.《토지》각 부部 줄거리

• 제1부 줄거리

1부는 1897년부터 1908년까지 10여 년 동안 경남 하동 평사리를 중심으로 급변하는 조선 농촌사회의 모습이 펼쳐진다. 구한말 5대째 대지주로 군림하고 있는 최참판가의 몰락 과정과 일제에 의한 민초들의 고난 및 저항이 형상화되어 있다. 표면적으로 제시되는 시간적 · 공간적 배경 및 사건과 더불어, 그전에 혹은 다른 공간에서 발생한 정치적 사건과 등장인물 관련 사건들이 전언傳言과 후일담後日譚 형식으로 그려진다. 특히 19세기 후반 외세에 의한 개항, 1894년의 동학농민혁명과 갑오개혁, 의병항쟁 등은《토지》서사에 근간이 되는 주요 역사적 사건들이다.

한가위를 맞은 평사리 마을 사람들은 오랜만에 풍요의 흥을 누린다. 하지만 최참판댁 하인 구천(김환)은 별당아씨에 대한 사랑으로 고뇌하고, 급기야 별당아씨와 야반도주를 감행한다. 윤씨 부인과 구천 사이에 얽힌 비밀에 의혹을 품으면서 최치수는 강포수를 대동하여 아내와 구천을 쫓고, 엄마를 잃은 어린 서희는 슬픔과 불안 속에 생떼를 쓴다. 평사리 농민 용이는 혼인한 아내 강청댁을 두고 있으나, 읍내에 있는 무당의 딸 월선을 사랑한다. 용이와 월선의 관계를 모를 리 없는 강청댁의 강짜는 점점 심해지고, 심지어 월선을 찾아가 머리채를 잡기도 한다. 이후 월선은 말없이 하동을 떠나고, 용이는 절망 속에서 무기력하게 지낸다.

한편 몰락 양반 김평산과 최참판댁 하인 귀녀는 각자의 욕망을 채우기 위해 공모하여 최치수를 살해하는데, 곧 발각되어 이 일에 가담한 칠성까지 모두 처형당한다. 귀녀는 죽기 전 아들을 낳고, 강포수는 이 아이를 혼자 기른다. 김평산의 아내 함안댁은 자살하고, 이후 두 아들 중 한복은 평사리에 자리를 잡지만, 형 거복은 간도로 건너가 일본의 밀정이 된다. 칠성의 아내 임이네는 아이들을 데리고 몰래 도망치지만, 결국 배고픔을 견디지 못하여 다시 평사리로 돌아온다. 농사일을 도우며 겨우 끼니를 해결하는 임이네와 아이들을 불쌍히 여긴 용이는 양식을 가져다주기도 한다. 그러다 임이네가 용이의 아이인 홍이를 낳는다. 훗날 월선은 홍이를 자신의 아이처럼 돌본다.

최참판가의 먼 외척인 친일파 조준구는 평사리를 오가더니 아예 아내 홍씨와 아들 조병수까지 데리고 서울서 내려와 최참판댁에 자리를 잡는다. 최치수의 어머니이자 서희의 할머니인 윤씨 부인은 조준구를 경계하지만, 아들이 죽은 지 몇 년 후 전염병 호열자로 생을 마감한다. 최참판가는 서희만 홀로 남게 되고, 심복인 김서방과 봉순네 등도 호열자로 목숨을 잃자, 조준구는 최참판가의 재산을 가로채고 어린 서희를 위협한다. 그리고 일본 헌병들을 끌어들여 앙심을 품었던 정한조의 목숨을 빼앗는가 하면, 대흉년 때 간계를 꾸며 평사리 주민들을 분열시킨다. 이에 목수 윤보와 용이 등 마을 장정들은 서희를 앞세워 최참판댁 곳간의 식량을 빼낸 후 산으로 숨는다.

의병 활동을 하며 쫓기는 용이, 영팔, 김훈장, 길상 등은 간도행을 계획하고, 이상현도 이에 동참한다. 조준구의 눈을 따돌리고 서희를 피신시키기 위해 두 개의 도주로를 마련하는데, 이 길에서 서희와 다른 길로 돌아와야 하는 봉순은 결국 간도행을 포기한다. 길상은 봉순의 고백을 받아 주지 못한 것을 후회하지만, 급박한 상황 속에 봉순을 남겨 둔 채 서희와 월선, 임이네 가족, 영팔이 가족, 용이와 홍이, 김훈장, 이상현 등과 부산에서 배를 타고 간도로 향한다.

• 제2부 줄거리

2부는 서희 일행이 간도間島로 이주한 이후 10여 년 동안의 삶이 그려진다. 1910년대 당시 간도 한인 사회의 모습과 만주 등 해외에서 펼쳐진 독립운동의 이면, 그리고 침략국 일본과 피해를 입은 조선과 중국 등 서로 얽혀 있는 국가들의 국제관계 등이 다루어진다.

간도에 도착한 서희 일행은 월선의 친척인 공노인의 도움을 받아 용정촌에 정착한다. 서희는 매점매석으로 자본을 늘리고 토지를 매입하여 큰 이득을 남긴다. 부를 축적한 서희는 가문의 복원을 위하여 친일도 서슴지 않으면서 세력을 키운다. 월선은 국밥집을 운영하는데, 그 일이 번창하여 임이네까지 일손을 돕게 된다. 하지만 임이네는 월선이를 속이면서 잇속 챙기기에 급급하다. 한편 영팔이 가족은 통포슬銅佛寺 근처에서 청인의 땅을 소작하며 살아가고, 이상현과 김훈장은 용정의 자산가이자 상의학교 설립자인 송병문 댁에 몸을 의탁하고 지낸다. 이상현은 상의학교에서 학생들을 가르치기도 하면서 송병문의 아들이자 상의학교 교사인 송장환과 가깝게 지낸다.

용정촌에 대화재가 일어나자 서희는 회령에서 재목, 원목 등을 매점매석하려 한다. 하지만 일을 도맡아 왔던 길상은 이에 반대한다. 길상은 회령을 오가는 길에 만난 옥이 모녀에게 정이 들게 된다. 서희는 소문을 듣고 회령으로 옥이네를 찾아가고, 돌아오는 길에 마차 사고가 일어난다. 이를 계기로 길상과 서희는 서로의 마음을 확인하고 마침내 결혼에 이른다. 서희가 이상현에게 의남매 결의를 제안하면서 길상과의 결혼 의사를 밝히자, 크게 화가 난 이상현은 조선으로 돌아간다. 송병문의 집에서 멀리 떨어진 정호네로 거주지를 옮긴 김훈장 역시 서희와 길상의 결혼 추진에 분노하면서 반대하지만, 서희는 뜻을 굽히지 않는다. 김훈장은 평사리와는 전혀 다른 간도 생활에 적응하지 못하고, 고향으로 돌아가지 못한 채 숨을 거둔다.

한편 용정에 김평산의 큰아들 거복이가 김두수라는 이름의 밀정이 되어 나타난다. 용이와 만난 두수는 여전히 최참판가에 대한 분노를 드러낸다. 독립운동가들과 연이 닿아 있는 길상은 김두수를 경계한다. 김두수는 상의학교 교사로 재직 중인 윤이병을 협박하여 금녀를 납치하려 한다.

이미 진주에 정착하였던 정석은 진주 기생이 된 봉순의 집안일을 도우면서 공부를 계속한다. 두만은 진주에서 술 도매상과 식당을 운영하면서 부를 축적한다. 공노인은 조선을 왕래하면서 최참판가의 땅을 조준구로부터 사들이고, 서희가 귀국하여 머물게 될 저택을 진주에 마련한다. 또한, 서울 지식인들의 도움을 받아 조준구를 폐광 개발에 끌어들여 남은 재산마저 잃게 만든다. 공노인은 쌍계사에 혜관 스님을 만나러 갔다가 김환을 만나 잠시 동행하는데, 당시 김환은 은밀하게 독립운동 세력을 넓히는 중이었다.

기명妓名 '기화'로 불리는 봉순이는 혜관 스님과 함께 서희와 길상이 있는 간도로 향한다. 봉순은 간도에서 서희와 길상의 결혼 소식을 듣고 절망한다. 한편 하동의 강포수가 용정촌에 나타나 송장환에게 학자금을 맡기며 아들 두메의 교육을 부탁한다. 이후 강포수는 아들도 모르게 산에서 자결한다.

탐욕스러운 임이네로 인해 불화를 겪자, 이용은 월선과 홍이만 국밥집에 남겨 놓고 임이네를 데리고 통포슬로 가 농사를 짓는다. 이곳에서 월선이 깊은 병에 걸려 생사의 기로에 놓였다는 소식을 듣고도 서둘러 찾아가지 않는다. 결국 이용이 용정에 도착한 후에야 월선은 눈을 감는다. 그 후 얼마 지나지 않아 서희는 이용, 영팔 일가 등과 함께 귀국길에 오른다.

3부는 서희 일행이 간도에서 귀국한 다음 해인 1919년 가을부터 1929년 광주학생운동까지 약 10여 년의 세월이 펼쳐진다. 주된 공간 배경은 서울, 진주, 하동, 일본, 만주 등으로 확대된다. 일제의 폭압으로 더욱 살기 어려워진 당시 식민지 현실이 농촌과 도시 전반에 걸쳐 묘사된다.

3·1운동 이후 서울 지식인들은 혼란과 갈등을 겪는다. 기대했던 성과를 얻지 못하자 패배의식에 사로잡히기도 하고, 임명빈의 수감과 서참봉댁의 습격 등으로 불안함을 감추지 못한다. 상현은 서울을 떠나 하동으로 내려왔다가 전주에 있다는 기화를 찾아가 그녀와 동거 생활을 한다. 한편 상현을 짝사랑했던 임명빈의 동생 임명희는 친일 귀족 집안의 조용하와 사랑 없는 결혼을 하고, 남편의 집착과 소유욕으로 불행한 시간을 보낸다. 소설을 쓰던 상현은 만주로 떠나고, 기화는 혼자서 상현의 딸을 낳는다. 김두수는 여전히 간도와 만주에서 밀정 노릇을 하며 독립운동가들의 목숨을 위협하는 한편 금녀를 찾아다닌다. 금녀는 장인걸을 흠모하지만, 결국 김두수에게 붙잡혀 고문을 당하다 자결한다.

서희는 진주에 자리를 잡은 후 조준구와 대면하여 그에게 마지막으로 남은 최참판댁 재산인 평사리 집을 거금을 주고 사들인다. 서울 소재 중학교에 다니게 된 환국은 임명빈 교장댁에 신세를 지게 되고, 이 일로 서희는 서울을 종종 다녀간다. 한편 계명회 회원 검거 사건으로 일본 유학파 지식인들과 일본인 오가다 지로, 그리고 길상 등이 체포된다. 서희가 귀국할 때 함께 오지 않고 그곳에 남아 독립 운동을 하였던 길상은 이 사건으로 서대문형무소에 수감된다. 서희는 길상의 면회를 다니는 한편, 아편쟁이가 된 기화와 기화의 딸 양현을 평사리 집에 머물게 한다. 하지만 기화는 결국 마음을 다잡지 못하고 섬진강에 몸을 던져 생을 마감한다.

용이는 건강이 나빠져 거동이 불편했으나 서희의 부탁을 받아들여 평사리 최참판댁으로 들어가 집을 지킨다. 아버지 용이를 보살피던 홍이는 용이가 최참판댁으로 들어간 후 부산 자전거포에 취직한다. 홍이는 진주에서 야학에 다니는 장이를 좋아했지만, 장이는 일본으로 팔려가다시피 시집을 가게 된다. 홍이는 추석을 지내러 왔다가 일경에게 체포되어 수감되는 고초를 겪은 후 김훈장의 손녀 허보연과 혼례를 치르고 진주에 자리를 잡는다. 일본에서 운전 기술을 배워 온 홍이는 이후 처가가 있는 진주로 이사하여 화물차를 운전한다. 최참판댁으로 들어가지 못한 임이네는 진주에서 홀로 지내다가, 중병을 얻어 결국 아귀지옥의 생을 마감한다. 얼마 지나지 않아 용이도 몸이 더 쇠약해져 병석에 눕고, 홍이의 보살핌 속에서 편안하게 눈을 감는다.

김환이 중심이 되어 지리산을 거점으로 한 의병 활동이 펼쳐지는 가운데, 내부에서는 사상 갈등이 일어난다. 결국 김환은 지삼만의 밀고로 진주경찰서 유치장에 투옥된 후 스스로 목을 매 자결한다.

형평사 운동을 하던 송관수는 부산에 정착한다. 주갑과 이상현은 만주에서 독립운동가들과 연계하여 지내는데, 두매가 밀정에 쫓기는 현실을 목도하면서 절망한다. 두 사람은 기화의 죽음을 전해 듣고 몹시 슬퍼한다. 상현은 명희에게 긴 편지와 함께 소설을 보내면서 원고료를 딸 양현의 양육비로 써 달라고 부탁한다.

- **제4부 줄거리**

4부는 평사리 농민, 서울 지식인, 만주의 독립운동가 등등의 대화를 통해 1920년대 후반에서부터 1930년대에 일어나는 광주학생항일운동, 윤봉길 의사의 의거, 노동자 파업, 만주사변, 난징(남경)대학살 등 역사적 정황이 빈번하게 전해진다. 그러면서 1930년대 극에 달한 일제의 폭압과 그로 인한 각계각층의 피폐한 삶이 묘사된다.

일본 순사만이 아니라 그들의 눈치를 봐야 하는 조선인 순사까지 가세하면서 조선인에 대한 핍박은 더욱 악랄해진다. 농민들은 일제의 온갖 착취로 생계가 막막해지고 가족 해체 위기에까지 몰리자 지리산으로 숨어들어 땅을 개간하며 살아가기도 한다. 송관수는 용정으로 떠나야 할 상황이 되자, 딸 영선을 데리고 지리산에 살고 있는 강쇠를 찾아가 영선과 강쇠 아들 휘의 결혼을 성사시킨다. 그리고 석방되어 평사리에서 지내고 있는 길상을 찾아가 일본에 있을 아들 영광을 찾아 달라고 부탁한다. 길상은 동경에 유학 중인 큰아들 환국에게 이 일을 맡긴다. 길상은 출옥 후 얼마 되지 않아 군자금 확보를 위한 거사를 도모하여 성공한다.

광주학생항일운동 사건으로 한복의 아들 영호가 연행되자, 평사리 마을 사람들은 만주에 다녀오는 한복을 환대한다. 서희의 둘째 아들 윤국은 연행되었다가 풀려났으나 무기정학 처분을 받고 방황한다. 계명회 사건으로 구속되었던 유인실과 오가다 지로는 석방된 후 조찬하의 통영행에 동행한다. 통영에는 조용하와 이혼을 결심한 임명희가 숨은 듯이 지내고 있다. 이 동행길에서 유인실과 오가다 지로는 서로의 마음을 확인한다. 한편 임명희의 선배 강선혜는 극단 대표이자 잡지사 주간인 권오송과 결혼하지만, 예맹 검거 사건으로 권오송이 잡혀가 애를 태운다. 임명희를 괴롭히던 조용하는 남모를 고통 속에서 자살한다.

민심은 흉흉해지고 평사리에서는 마을 사람끼리 싸움이 일어나 살인사건으로 확대되는데, 이를 말리던 홍이가 부상을 당한다. 조강지처를 내치고 고향 사람들을 도외시하는 두만이와 이를 못마땅해하는 가족들 간의 갈등은 더 깊어진다. 김이평은 맏아들의 처신을 꾸짖고 둘째에게 선영봉사先塋奉祀를 맡기겠노라 선언하고, 두만은 기성네에게 폭력을 행사하여 분란은 더 커진다. 관계를 회복하지 못한 채로 김이평은 노환으로 타계한다. 성환 할매는 석이가 만주로 피신한 후 손자 손녀를 맡아 키우면서 큰딸 귀남네의 홀대까지 받아 가슴앓이를 한다.

친일파 권력자 조용하 앞에서도 당당하고 소신 있던 유인실은 일본인의 아이를 임신했다는 사실로 자괴감에 빠져 혼자 아이를 낳고 조찬하에게 입양을 부탁한다. 조찬하는 아이의 아버지인 오가다 지로에게 사실을 알리라고 하다가 유인실이 뜻을 굽히지 않자 아이를 맡아 친자식으로 기른다. 오가다 지로는 유인실의 행적을 알 수 없게 되자 만주를 유랑하며 방황한다. 한편 홍이는 신경(장춘)으로 이주하여 자동차 공장을 운영하면서 살아가는데, 김두수가 사업을 빌미로 찾아오자 그를 경계한다. 홍이는 송관수에게 악단의 트럼펫 연주자가 되어 신경을 방문한 영광의 소식을 전한다. 그러나 송관수와 송영광 부자는 마주 앉지 못한 채 다시 이별한다.

• 제5부 줄거리

5부는 1940년경부터 1945년 8·15 해방에 이르는 시기, 제2차 세계대전으로 인한 피폐함이 다각도로 그려진다. 암흑기를 견뎌야 했던 민족의 삶이 확장된 공간을 오가며 다양하게 펼쳐진다. 일본은 본국뿐 아니라 조선과 중국에도 군수공장을 급조하고 어린 학생들까지 강제징집하는가 하면, 소위 정신대라는 미명으로 여성들까지 전쟁터로 내보낸다. 길상은 감옥에서 나와 도솔암에 관음탱화를 조성한다. 여러 인물의 이야기가 후일담 형태로 전해지며, 남아 있는 갈등과 새로운 세대를 통한 희망이 동시에 제시된다. 1945년 8월 15일, 서희가 일본의 항복 소식을 듣는 것으로 반세기 가까이 달려온 《토지》의 이야기는 대단원의 막을 내린다.

송영광은 신경에 연주차 방문하여 홍이를 만나며, 그곳에서 아버지 사망 급보를 접한다. 송관수의 유해는 도솔암으로 옮겨져 섬진강에 뿌려진다. 한편 홍이의 처 보연이 몰래 금을 소지하여 밀수 혐의를 받는 바람에 내외가 본국으로 강제 소환된다. 천일의 도움으로 홍이의 자녀 상의와 상근은 진주에서 학교를 다닌다. 학생들은 교련 수업을 받고 전쟁물자 준비나 공공사업에 강제 동원된다. 조선인 학생들과 일본인 선생들 사이에 갈등이 심화되고, 학생들의 항일의식은 더욱 공고해진다. 홍이는 조사를 받고 풀려난 후 만주로 떠난다. 신경에서 하얼빈으로 이주하여 영화관을 운영하면서 정석, 강두매, 이상현, 송영광 등과 교류하며 지낸다.

서울 사립중학교 미술 선생으로 재직하던 최환국은 아들의 백일잔치를 연다. 환국의 처 덕희는 양현을 최씨 가족으로 인정하지 못해 갈등을 일으킨다. 양현은 의전醫專을 졸업하고 인천의 작은 개인병원에서 일하며 어렵게 지낸다. 이 사실을 안 서희는 양현을 평사리로 데려온다. 양현과 송영광은 운명적인 사랑에 빠지지만, 각자의 상처 때문에 괴로워한다. 이후 영광은 콤플렉스를 극복하지 못한 채 만주에서 악사로 전전하며 지낸다. 한편 오가다 지로는 조찬하의 아들 쇼지가 자신의 아이라는 사실을 알게 된다. 조찬하와 오가다는 하얼빈에서 우연히 유인실을 만나 쇼지에 대한 사실을 알린다.

임명빈은 병세가 악화되자 지리산 도솔암으로 내려간다. 지리산으로 피신하는 사람이 늘어나자, 해도사 등은 이에 대한 대비를 한다. 식량난이 극심해졌음을 짐작한 임명희는 오천 원을 기부한다.

서희의 둘째 아들 윤국은 서희가 곤욕을 치르게 될 것을 염려하여 자원입대한다. 일본으로 건너간 이상현의 둘째 민우는 소식이 끊긴다. 임명희는 조용하의 죽음 후 서울로 돌아와 유치원을 운영하면서 차츰 안정을 되찾는다. 명희의 친구 길여옥은 반전反戰운동을 하는 기독교도들의 검거 때 구속되어 형을 치르고 병든 몸으로 풀려난다.

장연학은 여관업을 하면서 은밀하게 길상과 연계하여 활동한다. 김두수는 일본의 전세가 불리해지고 있음을 알아채고 귀국하여 서울에 정착한다. 석이의 딸 남희는 일본 장교에게 겁탈당하여 상처를 입은 채 성환 할매에게 돌아와 치료를 받는다. 길상은 도솔암에서 오랜 염원이던 관음탱화를 완성한다. 한편 조병수는 소목 일을 그만두고 아버지 조준구의 병 수발을 드는데, 조준구는 죽기 직전까지도 조병수에게 혹독한 고통을 준다. 조병수는 관음탱화가 완성되었다는 소식을 듣고 도솔암을 방문한다. 길상은 일제의 사상범 예비검거로 다시 구금된다.

1945년 8월 15일, 히로시마에 폭탄이 떨어지고 일본은 항복한다. 양현에게 이 소식을 전해 들은 서희는 그동안 자신을 옭아맸던 쇠사슬이 떨어지는 듯한 해방감을 느낀다.

반세기 가까이 달려온 《토지》의 대장정이 마무리된다.

2. 《토지》 문학기행 가이드

아래의 영상들은 건국대학교 모빌리티인문학연구소와 토지학회에서 《토지》의 주요 공간을 답사하여 여러 형식으로 촬영한 것이다. QR 코드를 찍으면 동영상에 접속할 수 있다.

1. 원주: 박경리 문학의 집, 박경리 동상, 박경리 옛집과 집필실

3. 통영: 박경리 생가, 서피랑 마을, 박경리 기념관, 박경리 추모공원

2. 원주: 토지문화관, 박경리 사택, 미니 인터뷰

4. 하동: 토지마을, 송림공원, 토지마을, 최참판댁, 박경리 문학관

5. 하동에서 만난 박경리와 《토지》
(토지학회 유튜브 영상 1~13)

① 동학, 송림공원 이야기

② 섬진강 이야기

③ 화개장터 이야기

④ 하동평야 이야기

⑤ 사랑채 & 사당 이야기

⑥ 별당 이야기

⑦ 안채 & 행랑채 이야기

⑧ 박경리 동상 이야기

⑨ 박경리 문학관 이야기

⑫ 쌍계사 이야기

⑩ 박경리 문학관장 인터뷰

⑬ 도솔암 이야기

⑪ 고소성 이야기

참고문헌

기본자료

박경리, 《원주통신》, 지식산업사, 1985.

_____, 《불신시대》, 지식산업사, 1987.

_____, 《Q씨에게》, 솔출판사, 1993.

_____, 《꿈꾸는 자가 창조한다》, 나남, 1994.

_____, 《문학을 지망하는 젊은이들에게》, 현대문학, 1995.

_____, 《환상의 시기》, 솔출판사, 1996.

_____, 《만리장성의 나라》, 나남, 2003.

_____, 《가설을 위한 망상》, 나남, 2007.

_____, 《버리고 갈 것만 남아서 참 홀가분하다》, 마로니에북스, 2008.

_____, 《토지》 1~20권, 마로니에북스, 2012.

_____, 《우리들의 시간》, 마로니에북스, 2012.

_____, 《김약국의 딸들》, 마로니에북스, 2013.

_____, 《시장과 전장》, 마로니에북스, 2013.

_____, 《파시》, 마로니에북스, 2013.

_____, 《표류도》, 마로니에북스, 2013.

_____, 《일본산고》, 마로니에북스, 2013.

_____, 《생명의 아픔》, 마로니에북스, 2016.

임우기·정호웅 편, 《토지 사전》, 솔출판사, 1997.

토지학회 편, 《토지 인물열전》, 2020.

논문 및 단행본

강만길, 〈문학과 역사〉, 《세계의 문학》 18, 1980, 겨울호.

_____, 《일제시대 빈민생활사》, 창작사, 1987.

강재언, 《한국 근대사 연구》, 한울, 1982.

666

경남대학교 산학협력단,《통영 해저터널: 기록화 조사 보고서》, 문화재청, 2007.

고길섭,《문화비평과 미시정치》, 문화과학사, 1998.

고승제,《한국 이민사 연구》, 장문각, 1973.

공임순,《우리 역사소설은 이론과 논쟁이 필요하다》, 책세상, 2000.

구인모, 〈한국근대시와 '조선'이라는 심상지리〉, 한국어문학국제학술포럼, 2008.

권희영, 〈1930년대 한국 지식인의 정서와 근대적 공간〉,《청계사학》 13, 1997.

김기봉,《'역사란 무엇인가'를 넘어서》, 푸른역사, 2000.

김덕현, 〈장소와 장소 상실, 그리고 지리적 감수성〉,《배달말》 43, 2008.

김명혜, 〈공동체와 여성〉,《현대 사회과학 연구》 9, 1999.

김병익, 〈〈토지〉의 세계와 갈등의 진상〉,《한국문학》 44, 1977.

_____, 〈식민지시대의 사회변화와 인간-박경리의 〈토지〉 제3부〉,《들린시대의 문학》, 문학과지성사, 1985.

_____, 〈한恨의 민족사와 갈등의 사회사〉,《토지》, 삼성출판사, 1988.

김수진, 〈1920~30년대 신여성담론과 상징의 구성〉, 서울대 박사학위논문, 2005.

김승종, 〈박경리의 〈토지〉와 부산〉,《현대소설연구》 49호, 한국현대소설학회, 2012.

김영근, 〈일제하 식민지적 근대성의 한 특징-경성에서의 도시 경험을 중심으로〉,《사회와 역사》 57, 2000.

김용학,《사회구조와 행위-거시적 현상의 미시적 기초를 찾아서》, 사회비평사, 1996.

김윤식,《박경리와 〈토지〉》, 도서출판 강, 2009.

김은경,《박경리 문학 연구》, 소명출판, 2014.

김인숙, 〈역사적 공간과 소설적 공간으로서의 통영 해저터널〉,《〈토지〉와 공간》, 마로니에북스, 2015.

김주용, 〈러시아 연해주지역 한국독립운동사적지 현황과 활용방안〉,《동국사학》 57, 2014.

김진균 · 정근식 편,《근대 주체와 식민지 규율 권력》, 문화과학사, 2003.

김진수, 〈역사적 실존에 대한 상상-역사의 내면화 경향에 대하여〉,《문학판》 14, 2005. 봄.

김진영, 〈인간주의 지리학 관점에서의 장소설 프로세스를 적용한 문학지리학 연구: 소설 〈토지〉 속 평사리를 중심으로〉,《지리교육논집》 55호, 서울대학교 지리교육과, 2011.

김철, 〈운명과 의지-〈토지〉의 역사의식〉, 《문학의 시대》 3, 1986.

김치수, 《박경리와 이청준》, 민음사, 1982.

노형석, 《모던의 유혹, 모던의 눈물-근대 한국을 거닐다》, 생각의나무, 2004.

동국대 문화학술원 한국문학연구소 편, 《근대 한국의 문학지리학》, 동국대학교출판부, 2011.

대중서사학회 편, 《역사소설이란 무엇인가》, 예림기획, 2003.

문소정, 〈일제하 한국농민가족에 관한 연구〉, 서울대 박사학위논문, 1991.

민족문학사연구소 편, 《한국 근대문학의 형성과 문학 장의 재발견》, 소명출판, 2004.

민현기, 《한국근대소설과 민족 현실》, 문학과지성사, 1989.

박경식, 《일본제국주의의 조선지배》, 청아출판사, 1986.

박명규, 〈〈토지〉와 한국 근대사사회사적 이해〉, 《토지비평집 2》, 솔, 1995.

박상민, 〈박경리 〈토지〉에 나타난 일본론〉, 《현대문학의연구》 24, 2004.

_____, 〈박경리 〈토지〉에 나타난 동학〉, 《문학과종교》 14권 1호, 2009.

_____, 〈박경리 〈토지〉와 삼일운동〉, 《한국근대문학연구》 20권 1호, 2019.

박용옥, 《한국 여성 근대화의 역사적 맥락》, 지식산업사, 2001.

박세훈, 〈동원된 근대: 일제 시기 경성을 통해 본 식민지 근대성〉, 《한국근대미술사학》 13, 2004.

박종성, 《백정과 기생-조선천민사의 두 얼굴》, 서울대출판부, 2003.

박찬승, 《한국 근대 정치사상사 연구》, 역사비평사, 1992.

박청산 외, 《이야기 중국조선족 략사》, 연변인민출판사, 2000.

박 환, 〈구한말 러시아 최재형 의병 연구〉, 《한국독립운동사연구》, 1999.

_____, 〈러시아 연해주에서의 안중근〉, 《한국민족운동사연구》 30, 2002.

_____, 《페치카 최재형》, 선인, 2018.

_____, 《독립운동가의 길을 가다: 블라디보스토크~하바롭스크》, 선인, 2019.

_____, 《독립군과 무기》, 선인, 2020.

반병률, 〈한국인의 러시아 이주사-연해주로의 유랑과 중앙아시아로의 강제 이주〉, 《한국사 시민강좌》 28권, 일조각, 2001.

_____, 〈안중근과 최재형〉, 《역사문화연구》 33, 2009.

_____, 《최재형》, 한울아카데미, 2020.

서도식, 〈공간의 현상학〉, 서울시립대학교 도시인문학연구소(편), 《도시공간의 인문학적 모색》, 메이데이, 2009.

서정미, 〈《토지》의 한恨과 삶〉, 《창작과 비평》 56, 1980.

서준섭, 〈자본주의의 화려한 옷으로 변신한 1930년대 거리〉, 《역사비평》, 1991 여름.

손정목, 《한국 개항기 도시 사회경제사 연구》, 일지사, 1982.

_____, 《일제강점기 도시화 과정 연구》, 일지사, 1996.

송재영, 〈소설의 넓이와 깊이〉, 《문학과 지성》 15, 1974.

_____, 〈민족사와 드라마의 형식〉, 《정경문화》 220, 1983.

송호근, 〈삶에의 연민, 한의 미학〉, 《작가세계》, 1994. 가을.

신명직, 《모던보이 경성을 거닐다》, 현실문화연구, 2003.

신용하, 《한국 근대사와 사회변동》, 문학과지성사, 1980.

심승희, 〈장소의 스펙트럼과 잠재력〉, 한국문화역사지리학회 편, 《현대문화의 이해》, 푸른길, 2013, 85쪽.

양명호, 〈연해주 항일독립운동 디아스포라의 팔로워십 연구〉, 《인문사회 21》 11권 4호, 2020.

연세대국학연구원, 〈일제하 지식인의 파시즘체제 인식과 대응〉, 《연세대국학연구원학술회의 발표집》, 2004.

염무웅, 〈역사라는 운명극〉, 《민중시대의 문학》, 창작과비평사, 1979.

오양호, 《한국문학과 간도》, 문예출판사, 1988.

이 호, 〈소설에 있어 공간 형식의 가능성과 한계〉, 《공간의 시학》, 예림기획, 2002.

이기봉, 〈지역과 공간, 그리고 장소〉, 《문화역사지리》 17(1), 2005.

이명종, 〈근대 한국인의 만주 인식 연구〉, 한양대학교대학원 박사학위논문, 2014, 204~213쪽.

이명화, 〈하얼빈 한인사회와 김성배의 독립운동-안중근 의거를 전후하여〉, 《역사와 실학》 55권, 역사실학회, 2014.

이상진, 〈《토지》 속의 만주, 삭제된 역사에 대한 징후적 독법〉, 《현대소설연구》 24, 2004.

_____, 〈《토지》의 평사리 지역 형상화와 서사적 의미〉, 《배달말》 37, 2005.

_____, 〈일제하 진주 지역의 역사와 박경리의 토지〉, 《현대문학의 연구》 27,

2005.

_____, 〈자유와 생명의 공간, 〈토지〉의 지리산〉, 《현대소설연구》 30, 2007.

_____, 〈심상과 사실, 지도의 상상력-박경리 〈토지〉의 만주 지역 형상화 방식〉, 《통합인문학연구》 10권 1호, 한국방송통신대학교 통합인문학연구소, 2018.

이성화, 〈포스트모더니즘과 미시정치학: 푸코의 계보학〉, 《한국정치학회회보》 28권 1호, 1994.

이승윤, 〈1950년대 박경리 단편소설 연구〉, 《현대문학의연구》 18, 2002.

_____, 〈〈토지〉의 문학 교육적 활용방안〉, 《현대문학의연구》 21, 2003.

_____, 〈《토지》에 나타난 식민지 경성의 문화와 근대성의 경험〉, 《현대문학의연구》 35, 2008.

_____, 《근대 역사 담론의 생산과 역사소설》, 소명출판, 2009.

_____, 〈판본 비교를 통해 살펴본 〈토지〉의 수정 양상과 서술상의 특징〉, 《동남어문논집》 37, 2014.

_____, 《독자와 함께 읽는 〈토지〉》, 마로니에북스, 2015.

_____, 〈토지의 서사 전개 양상과 소설 작법〉, 《대중서사연구》 24권 1호, 2018.

_____, 〈문학관/문학 공간의 활성화 방안과 콘텐츠 기획의 사례 연구〉, 《대중서사연구》 24권 4호, 2018.

_____, 〈당위와 현실 사이, 부유하는 시간들〉, 《토지 인물열전》, 마로니에북스, 2019.

_____, 〈소설 〈토지〉에 나타난 모빌리티 연구-공간의 재인식과 관계의 재구성〉, 《현대문학의연구》 72, 2020.

이영환 편, 《통합과 배제의 사회정책과 담론》, 함께 읽는 책, 2003.

이이화, 《파랑새는 산을 넘고》, 김영사, 2008.

이재선, 〈숨은 역사 · 인간 사슬 · 욕망의 서사시〉, 《문학과 비평》 9, 1989.

이진형 외, 《텍스트 테크놀로지 모빌리티》, 앨피, 2019.

이태동, 〈〈토지〉와 역사적 상상력〉, 《부조리와 인간의식》, 문예출판사, 1981.

_____, 〈환상과 현실 사이-박경리론〉, 《한국현대소설의 위상》, 문예출판사, 1985.

이태동, 이만열 外, 〈소설 〈토지〉를 말한다〉, 《월간조선》, 1980, 7월호.

이혜은, 〈일제 침략기 서울의 민족별 거주지 분포〉, 《향토 서울》 제52호, 1992.

임대식, 〈일제하 경성부 유지有志집단의 존재 형태〉, 《서울학연구》 제8호, 1997.

임헌영, 〈다양한 시대의 드라마〉, 《한국문학》 44, 1977.

_____, 〈《토지》의 작품세계와 그 사상〉, 《월간경향》 270, 1987.

장일구, 《서사 공간과 소설의 역학》, 전남대출판부, 2015.

전경수, 《지역 연구, 어떻게 하나》, 서울대출판부, 1999.

전광하 편, 《세월 속의 용정》, 연변인민출판사, 2000.

전성곤, 〈지배이데올로기의 선택과 배제에 관한 고찰: 《시대일보》와 《경성일보》를 중심으로〉, 《일본문화연구》 19, 2006.

전우용, 〈종로와 본정-식민지 경성의 두 얼굴〉, 《역사와 현실》 41, 2001. 6.

정현기, 〈《토지》 해석을 위한 논리 세우기〉, 《작가세계》 1994. 가을.

정호웅, 〈《토지》론-지리산의 사상〉, 《동서문학》, 1989, 11월호.

_____, 〈《토지》의 주제-한 · 생명 · 대자대비〉, 《토지 비평집》 2, 솔, 1995.

_____, 〈《토지》와 만주 공간〉, 《구보학보》 15집, 2016.

조경만, 〈농촌-도시 공동체적 유대와 갈등〉, 《현대사회과학연구》, 제9권, 1999.

조동일, 《지방문학사 연구의 방향과 과제》, 서울대학교출판부, 2003.

조윤아, 〈박경리 〈토지〉의 공간 연구〉, 《현대문학의 연구》 21, 2003.

_____, 〈공간의 성격과 공간 구성〉, 최유찬 편, 《토지의 문화 지형학》, 소명출판, 2004.

_____, 〈두 가지 층위로 나타난 하얼빈의 장소성-박경리의 〈토지〉를 중심으로〉, 《비평문학》 68호, 2018.

_____, 〈러시아 이주 한인의 항일 의병 투쟁-박경리의 〈토지〉를 중심으로〉, 《현대문학의 연구》 68호, 2019.

조진기, 〈지리 공간의 문학적 수용과 그 의미〉, 《배달말》 36, 2005.

조한욱, 《문화로 보면 역사가 달라진다》, 책세상, 2000.

최 협, 〈전통적 공동체의 문화적 재생〉, 《현대사회과학연구》 제9권, 1999.

최유리, 《일제말기 식민지 지배정책 연구》, 국학자료원, 1997.

최유찬, 《〈토지〉를 읽는다》, 솔출판사, 1996.

_____, 〈《토지》 판본 비교 연구〉, 《현대문학의 연구》 21, 2003.

_____, 《세계의 서사문학과 박경리의 〈토지〉》, 서정시학, 2008.

_____, 《박경리의 〈토지〉 읽기》, 세창미디어, 2018.

최유찬 외, 《토지의 문화지형학》, 소명출판, 2004.

_____, 《한국 근대문화와 박경리의 〈토지〉》, 소명출판, 2008.

최유희, 〈노동과 직업을 중심으로 본 〈토지〉의 여성 인물〉, 《배달말》 35, 2004.

_____, 〈소설 〈토지〉 배경지 평사리의 문화산업화와 콘텐츠 변화 방향 연구〉, 《대중서사연구》 26권 2호, 2020.

태혜숙 외, 《한국의 식민지 근대와 여성공간》, 여이연, 2004.

토지학회 편, 《〈토지〉와 공간》, 2015.

_____, 《〈토지〉와 서사구조》, 2016.

_____, 《박경리와 전쟁》, 2017.

_____, 《박경리 문학과 젠더》, 2018.

한국문학연구학회 편, 《현대문학의 연구 5-다시 읽는 역사문학》, 평민사, 1995.

_____, 《〈토지〉와 박경리 문학》, 솔, 1996.

한국문화역사지리학회 편, 《우리 국토에 새겨진 문화와 역사》, 논형, 2004.

Anita Perkins, 《여행 텍스트와 이동하는 문화》, 최일만 옮김, 앨피, 2020.

B. Anderson, 《상상의 공동체-민족주의의 기원과 전파에 대한 성찰》, 윤형숙 옮김, 나남출판, 2002.

C. Castoriadis, 《사회의 상상적 제도》, 양운덕 옮김, 문예출판사, 1994.

C. McCullough, 〈과거문헌에 대한 이해는 객관적일 수 있는가〉, 인문과학연구소 편저, 《인문과학의 이념과 방법론》, 성균관대학교출판부, 1995.

Edward Relph, 《장소와 장소상실》, 김덕현 외 옮김, 논형, 2005.

F. Braudel, 《물질문명과 자본주의: 자본주의의 구조》, 주경철 옮김, 까치, 1995.

F. Fanon, 《대지의 저주받은 자들》, 박종렬 옮김, 광민사, 1979.

Franco Moretti, 〈문학의 지도: 이론, 실천, 실험〉, 《안과밖》 2002년 상반기.

H. K. Bhabha, 《문화의 위치, 탈식민주의 문화이론》, 나병철 옮김, 소명출판, 2002.

H. Lefebvre, 《현대세계의 일상성》, 박정자 옮김, 주류일념, 1990.

John H. Arnold, 《역사란 무엇인가》, 동문선, 2003.

Lynn Hunt, 《문화로 본 새로운 역사》, 조한욱 옮김, 소나무, 1996.

M. Robinson, 《일제하 문화적 민족주의》, 김민환 옮김, 나남, 1990.

M. Savage & A. Warde, 《자본주의 도시와 근대성》, 김왕배 ⊠ 박세훈 옮김, 한울, 1996.

P. Duara, 《민족으로부터 역사를 구출하기》, 문명기 ⊠ 손승회 옮김, 삼인, 2004.

Peter Adey,《모빌리티 이론》, 최일만 옮김, 앨피, 2019.

Peter Merriman & Lynne Pearce,《모빌리티와 인문학》, 김태희 외 옮김, 앨피, 2019.

Tim Criswell,《장소》, 심승희 옮김, 시그마프레스, 2012.

Yi-Fu Tuan,《토포필리아》, 이옥진 옮김, 에코리브르, 2011.

廣松涉,《近代 超克論: 일본 근대 사상사에 대한 시각》, 김항 옮김, 민음사, 2003.

久野收·鶴見俊輔,《일본 근대사상사》, 심원섭 옮김, 문학과지성사, 1994.

鈴木登美·大內和子,《이야기된 자기》, 한일문학연구회 옮김, 생각의나무, 2004.

魯曉鵬,《역사에서 허구로-중국의 서사학》, 조미원 외 옮김, 길, 2001.

李成市,《만들어진 고대: 근대 국민국가의 동아시아 이야기》, 박경희 옮김, 삼인, 2001.

山邊健太郎,《日帝强占下の韓國近代史》, 三光出版社, 1998.

山室信一,《문학에서 본 '만주국'의 위상》, 최정옥 옮김, 2008.

三枝壽勝,《한국 근대문학과 일본》, 소명출판, 2003.

中見立夫,《만주란 무엇이었는가》, 박선역 옮김, 소명출판, 2013.

湯本豪一,《일본 근대의 풍경》, 연구공간 수유+너머 동아시아 근대세미나 팀 옮김, 그린비, 2004.

최올가·최발렌틴,《나의 아버지 최재형》, 정헌 옮김, 상상, 2019.

A-M. Fotier, 'Migration studies', in P. Adey, P. Merriman and M. Sheller(eds), *The Routledge Handbook of Mobilities*, London: Routledge, 2014.

Ricardo Gullon, *On space in the Novel*, critical inquiry Autumn, 1975. vol. 2, No. 1

Aderson, J., *Understanding Cultural Geography: Places and traces*, Oxon & New York:Routledge, 2010.

Agnew, J., *Place and Politics: The Geographical Mediation of State and Society*, Boston: Allen & Unwin 1987.

Barlow, T. eds, *Formation of colonial modernity in East Asia*, Duke Univ. Press. 1997.

Bocock, R./Thompson, K eds, *Social and cultural forms of modernity*, Polity Press. 1992.

Brosseau, M., *Geography's literature, Progress in Geography*, 18(3), 1994.

Casey, E., Between Geography and Philosophy: What does it mean to be in the Place-World?, *Annals of the Association of American Geographers*, 91(4), 2001.

Castree, N., Place: connections and boundaries in an interdependent world, in S.L., Holloway, S.P., Rice and G.Vallentine (ed), 2003, *Key concepts in geography*, London: SAGE Publications, 2003.

Joseph Frank, 'Spatial Form in Modern Literature', *The Widening Gyre*, Rutgers UP., 1963.

Robert T. Tally Jr., *Spatiality*, Routledge, 2013.

Yi-Fu Tuan, *Space and Place*, London: University of Minnesota Press, 1977.

10개의 공간을 따라 읽는 소설 토지

2021년 1월 29일 초판 1쇄 발행

지은이 | 이승윤
펴낸이 | 노경인 · 김주영

펴낸곳 | 도서출판 앨피
출판등록 | 2004년 11월 23일 제2011-000087호.
주소 | 우)07275 서울시 영등포구 영등포로 5길 19(양평동 2가, 동아프라임밸리) 1202-1호
전화 | 02-336-2776 팩스 | 0505-115-0525
블로그 | bolg.naver.com/lpbook12
전자우편 | lpbook12@naver.com

ISBN 979-11-90901-24-6